DAS BUCH DER SELBSTLIEBE

Ein Rezept für mehr Selbstwert,
Selbstvertrauen und Lebensglück.

Robert Dominic Hülsmeyer

Bibliografische Informationen der deutschen Nationalbibliothek
Die Deutsche Nationalbibliothek verzeichnet diese Publikation
In der Deutschen Nationalbibliographie; detaillierte Daten sind im
Internet abrufbar über: https://portal.dnb.de

Das Buch der Selbstliebe – Ein Rezept für mehr Selbstwert, Selbstvertrauen und Lebensglück
1. Auflage 2021
Alle Rechte vorbehalten

ISBN-13: 978-3-949118-10-4

Robert Dominic Hülsmeyer
wird vertreten durch:

Source Code Verlag
Geisinger Str. 37
78166 Donaueschingen

info@rd-huelsmeyer.com
https://www.rd-huelsmeyer.com

„Selbstliebe ist kein Spiel, indem es einen Verlierer geben muss. Es ist ein Spiel, indem jeder gewinnt."

Robert Dominic Hülsmeyer

Bevor Sie loslegen ...

Bevor Sie beginnen dieses Buch zu lesen, empfehle ich Ihnen, sich zunächst den Planer sowie das Audio- und Meditationsprogramm herunterzuladen. Sie werden es im späteren Verlauf des Buches benötigen. Unter folgendem Link erhalten Sie beide Produkte kostenfrei.

https://www.rd-huelsmeyer.com/selbstliebe-wp

Viel Freude dabei!

Über den Autor

Robert D. Hülsmeyer ist Experte für Emotions-psychologie, Coach und Autor mehrerer Sach- und Hörbücher.

Mit seinem Wissen trägt er dazu bei, dass Menschen in jedem Bereich des Lebens mehr Erfolg haben — sei es Geld, Business, persönliche Entwicklung oder die Beziehung zu anderen und sich selbst.

Als Entwickler der SOURCE CODE THERAPY steht ihm der wahrscheinlich schnellste und beste Methodenkoffer zur Verfügung, um sämtliche mentale Hürden in jeder Lebenslage zu meistern.

Robert Dominic Hülsmeyer steht für die Magie der Potentialverstärkung und eine professionelle Tiefe.

www.rd-huelsmeyer.com

INHALT

Einführung

Ich erinnere mich, als wäre es gestern gewesen. Es war in der Nacht von Donnerstag auf Freitag. Eine angenehme Sommernacht. Zwei Uhr morgens und schon 17 Grad Außentemperatur. Mein Koffer war gepackt mit allem, was ich für die nächsten Tage brauchte. Es ging für zwei Wochen an die Ostsee. Eine kleine Seminarreise und etwas Urlaub. Damals wohnte ich im Sauerland. Somit lagen sechs Stunden Fahrt vor mir.

Ich stand aus meinem Bett auf und ging ins Bad. Während ich mir die Zähne putzte, schaute ich in den Spiegel und sah dunkle Augenränder, Denkerfalten und eingefallene Schläfen. Meine Haare wurden immer weniger. Ich machte eine schwere Zeit durch. Der Job stresste, eine Beziehung stand auf der Kippe und ich konnte mich selbst einfach nicht leiden. Immer, wenn ich dachte, es ging wieder aufwärts, kam eine neue Hiobsbotschaft. Mein Chef versprach mir zuletzt eine Gehaltserhöhung, doch der Personalleiter strich sie wieder. Man erwartete von mir ständig mehr Leistung. Ausgeglichen wurde sie nicht. Manchmal war ich von 6:30 Uhr morgens bis abends um 23:00 Uhr im Büro. Ich wusste, dass das nicht lange gut gehen würde. Dennoch machte ich immer weiter, setzte sogar meine Gesundheit dafür aufs Spiel. Mich selbst definierte ich über den Job und meine Partnerin. Doch wer war ich ohne all das? Ein Niemand. Und genauso fühlte ich mich. Daher kam mir der Urlaub gelegen. Ich brauchte unbedingt eine Auszeit. An der Ostsee buchte ich ein Selbstfindungsseminar. Fünf Tage mit einem Arzt und spirituellem Lehrer.

Ich zog mich an, nahm meinen Koffer und ging aus der Haustür zum Auto. Dort öffnete ich den Kofferraum, packte alle Sachen ein und fuhr los. Während der Fahrt konnte ich nicht eine Sekunde abschalten. Auf der einen Seite freute ich mich. Andererseits war mir klar, dass ich in 14 Tagen zurücksein würde und mein Leben möglicherweise genauso weitergehen könnte, wie bisher. Das machte mir Sorgen.

Nach etwas mehr als sechs Stunden kam ich an der gemieteten Ferienwohnung an. Sie war schön eingerichtet. Nicht modern, aber gemütlich. Durch die kurze Nacht und die lange Fahrt, war ich müde. Ich legte mich direkt ins Bett.

Am nächsten Morgen begann das Seminar. Ich saß mit vierzig anderen Teilnehmern in einem Raum. Der Seminarleiter, ein Mann, Mitte sechzig und seine Frau circa zehn Jahre jünger. Beide sprachen durch ein Headset. Ihre Stimmen tönten durch die Boxen.

In den fünf Seminartagen ging es um das Thema Selbstliebe. Wir machten viele Übungen und Meditationen. Die ersten Tage wahren anstrengend. Ich konnte mich kaum konzentrieren. Am dritten Tag führten wir jedoch eine Übung durch, die bei mir alles änderte. Bis zu diesem Zeitpunkt war ich abhängig von dem, was von außen auf mich einprallte. Aus mir selbst heraus konnte ich weder Motivation, noch positive Gefühle produzieren. Immer brauchte ich einen äußeren Anreiz. Doch an diesem Tag machte es Klick und alles änderte sich.

Seien Sie gespannt, welche Übung das war und was Sie außerdem noch an wertvollen Tipps erwarten können.

Die Liebe zu sich selbst ist die Grundlage für ein glückliches und erfolgreiches Leben. In diesem Buch zeige ich Ihnen, was Selbstliebe wirklich ist, wie sie entsteht und welche Gefahren sich einschleichen, wenn wir uns zu sehr von äußeren Faktoren abhängig machen.

Stellen Sie sich mal vor, sie stehen in der Küche und kochen eine Gemüsesuppe. Haben Sie das schon hundert Mal gemacht, wird es ihnen leichtfallen. Möglicherweise benötigen Sie nicht mal ein Rezept. Was ist aber, wenn Sie noch nie eine solche Suppe gekocht haben? Dann gibt es zwei Möglichkeiten. Entweder Sie experimentieren oder sie beschaffen sich eine Anleitung.

Genauso ist das mit der Selbstliebe. Sie können den langen und harten Weg gehen und probieren alles aus. Oder sie verwenden die Zutaten, die ich in den letzten Jahren für Sie entdeckt habe. Denn ich zeige sie Ihnen genau.

Da es sich um einen transformativen Prozess handelt, erhalten Sie zusätzlich einen Methodenkoffer, um schwierige Situationen und Gegebenheiten in Selbstliebe zu verwandeln. Wer mehr Selbstliebe entwickeln möchte, sollte wissen, dass man dafür zunächst eine Grundlage schaffen muss. Diese erhalten Sie Schritt für Schritt. Zudem schauen wir uns gemeinsam die unterschiedlichen

Lebensbereiche an, in die Sie mit einfachen Mitteln mehr Selbstliebe bringen können. In jedem Abschnitt erhalten Sie mehrere Reflexionsfragen, damit Sie auch direkt in die Umsetzung kommen können. Bleiben Sie gespannt und voller Vorfreude.

Ich bin an Ihrer Seite.

Robert D. Hulsmeyer

Teil 1 – Die Selbstliebe verstehen

1.1 Was ist Selbstliebe wirklich?

Bevor ich damals an der Ostsee war und an diesem Selbstfindungsseminar teilnahm, hatte ich bereits einiges über Selbstliebe gehört und gelesen. Dennoch war es mir nicht möglich, in die Umsetzung zu kommen. Ich hatte immer das Gefühl, dass die Umstände schuld daran waren, wie es mir ging und wie ich mich fühlte. Es war der Job, meine Partnerin und die vielen Rechnungen, die täglich ins Haus flatterten.

Der erste Schritt ist jedoch Verantwortung für sich zu übernehmen. Das bedeutet nicht sich selbst fertig zu machen, sondern die notwendigen Aktivitäten in die Hand zu nehmen, auch wenn es mal schwierig wird. Selbstliebe ist nicht wie die meisten glauben, eine Eigenschaft, die man entweder hat oder nicht. Sie ist eine Lebenseinstellung, die man sich zur Gewohnheit macht. Wenn Liebe nicht durch externe Faktoren erzeugt wird, sondern aus einem selbst entsteht, dann sprechen wir von Selbstliebe. Um dieses Gefühl dauerhaft zu erzeugen, ist es wichtig, dass man sich an die erste Stelle stellt, gut für sich sorgt und die Erfüllung der eigenen Bedürfnisse selbst in die Hand nimmt.

Das große Hindernis ist jedoch, dass wir in einer Gesellschaft leben, in der es als egoistisch gilt, wenn man sich wichtiger nimmt als andere. Wer so erzogen wurde, setzt Selbstliebe oft mit Egoismus oder Selbstverliebtheit gleich. Das ist Schwachsinn. Sobald Sie glücklich sind, kann es auch Ihrem Umfeld bedeutend besser gehen. Niemandem ist damit geholfen, wenn Menschen sich aufopfern oder ihren Traum nicht leben. Selbstliebe ist kein Spiel, indem es einen Verlierer geben muss. Es ist ein Spiel, indem jeder gewinnen kann. Wer das mit Egoismus oder Selbstverliebtheit gleichsetzt, denkt vermutlich in einem Mikrokosmos.

Stellen Sie sich mal eine Welt vor, in der jeder Mensch über die Liebe zu sich selbst verfügt. Alle sind glücklich, gelassen und zufrieden. Es gäbe keine Abhängigkeiten. Sie bräuchten andere nicht, um ausgeglichen zu sein. Es wäre vielmehr ein positiver Zusatz, aber nicht die Quelle. Die Welt hätte deutlich mehr zu geben, wenn die Menschen ehrlicher zu sich wären und sich so zeigen würden, wie sie wirklich sind. Ohne Fassade.

Mir hat man als kleines Kind beigebracht, dass ich nur in Ordnung bin, wenn ich Leistung bringe. Dabei hat das niemand böse gemeint. Es führte dazu, dass ich eine Mauer aufbaute, um nicht Gefahr zulaufen nicht mehr geliebt zu werden.

Wenn man alles tut, um anderen zu gefallen und ihren Erwartungen gerecht zu werden, dann entsteht daraus eine Gewohnheit. Man verliert dadurch den Kontakt zu sich selbst, weil man daran gewöhnt ist Liebe von anderen für ihre Taten zu erhalten. Die meisten Partnerschaften laufen tatsächlich so. Menschen geben an, dass sie sich lieben. Läuft es jedoch mal nicht, wie sie es sich vorstellen, dann kracht es, man geht fremd, orientiert sich um, oder ignoriert sich gegenseitig. Das liegt daran, dass das Gefühl entsteht, nicht mehr geliebt zu werden. Viele sind aber von der äußeren Liebe abhängig. Sie verstellen sich, um dem anderen wieder zu gefallen und nicht verlassen zu werden. Das machen sie solange, bis sie nicht mehr können. Irgendwann trennen sie sich und haben mit anderen potentiellen Partnern ihre Dates. Sie verlieben sich neu und suchen woanders die unendliche Liebe. Doch sie finden diese nicht. Der Partner kann maximal ein Spiegel für die Selbstliebe sein. Ich bin der Meinung, dass man sich in einer Beziehung so zeigen können und dürfen sollte, wie man wirklich ist. Das ist jedoch nicht so einfach, denn wer weiß schon wer er ist, hinter all den unbewussten Gewohnheiten, die man im Laufe des Lebens erlernt hat? Darüber werden wir noch ausführlich sprechen.

Grundsätzlich kann man sagen, dass Menschen mit einem hohen Grad an Selbstliebe, sehr viel zu geben haben. Sie befinden sich in einer höheren Frequenz. Sie sind in der Lage in jeder negativen Situation ein Geschenk zu finden und sich in wenigen Sekunden zu transformieren.

Auf Mallorca traf ich mal einen sehr erfolgreichen Unternehmer. Er erzählte mir, dass sobald jemand in seiner Gegenwart etwas Negatives sagt, er es sofort in seiner positiven Sprache übersetzen würde. Es war wie ein automatisches Programm, welches er sich aneignete. Dabei berichtete er von einer Situation. Er war auf einem unternehmerischen Netzwerktreffen. Ein Mann stand mit ihm am Stehtisch und jammerte darüber, dass die Werbekosten im Online Marketing derart angestiegen wären und seine Produkte bald

Verluste machen würden. Der erfolgreiche Unternehmer hingegen lies sein automatisches Übersetzungsprogramm ablaufen und stellte sich die Frage: „Wie kann man in einer Zeit mit steigenden Werbekosten, noch profitabler werden, als zuvor?" Er ließ sich nicht auf die negative Energie seines Gesprächspartners ein, sondern transformierte sie direkt in eine innovative Frage. Dieser Unternehmer hat irgendwann für sich entschieden, dass er sich nicht auf die negativen Schwingungen anderer Menschen einlässt. Denn er wusste schon lange, dass er sich sonst selbst schädigen würde. Somit beschloss er, so zu denken, dass es ihm immer gut ging. Selbstliebende Menschen achten auf sich und lassen sich von niemandem vorgeben, was gut für sie ist. Sie wissen, dass sie ihre Zufriedenheit selbst in der Hand haben.

Eine weitere besondere Eigenschaft der Selbstliebe ist es, sich so anzunehmen und zu lieben, wie man ist. Die meisten Menschen mögen nur ihre Stärken, verurteilen sich jedoch für ihre Schwächen. Sie stehen vor dem Spiegel, schauen sich von oben bis unten an und finden hundert Details, die sie nicht mögen. Fehler, Schwächen, Ängste und Probleme gehören zum Leben dazu. Sie sind Teil der Identität. Sie sind das, was Sie als Mensch ausmacht. Wer den

Anspruch an Perfektion hat, wird es mit der Selbstliebe nicht sehr weit bringen. Die Kunst besteht darin, auch in den dunkelsten Momenten, die Liebe zu sich selbst nicht zu vergessen. Es spricht nichts dagegen etwas für ein besseres optisches Erscheinungsbild zu tun. Jedoch sollte man das nicht aus einem Mangel heraus machen. Sondern eher, um sich etwas Gutes zu tun.

Oft werde ich gefragt, wie ich Selbstliebe definiere. Für mich ist es weniger eine Frage nach einer allgemeinen Definition. Ich betrachte Selbstliebe, als eine Lebenseinstellung, in der jeder für sich definiert, was es bedeutet, sich zu lieben. Sicherlich kann ich Ihnen Tipps und Möglichkeiten aufzeigen. Dennoch ist es wie ein Buffet. Sie nehmen sich das, was zu Ihnen passt und den Rest lassen Sie für die anderen Gäste. Sie müssen für sich herausfinden, was eine selbstliebende Einstellung für Sie bedeutet. Ich zeige Ihnen Varianten auf und stecke den Rahmen ab. Diesen zu füllen, ist Ihre Aufgabe. Dafür brauchen Sie ein gutes Beziehungsmanagement mit sich und die Übernahme der Selbstverantwortung. Wie das alles geht, erfahren Sie in diesem Buch.

Reflexionsfrage:

Was bedeutet Selbstliebe für mich?

_____

_____

_____

_____

_____

_____

_____

_____

_____

_____

_____

_____

_____

_____

_____

_____

_____

_____

_____

1.2 Warum sich viele Menschen vor Selbstliebe schämen

Bevor ich 28 Jahre alt wurde, schaltete ich bei dem Wort Selbstliebe komplett ab. Ich war zwar inhaltlich interessiert, emotional jedoch abgeneigt. Und das, obwohl ich mich bereits einige Jahre mit der menschlichen Psyche beschäftigte. Es war ein altes Programm, was rund um die Uhr ablief und mein System steuerte. Eine Gewohnheit, die ich unbewusst im Laufe der Jahre aufbaute. Als Kind lernte ich früh, dass man andere Menschen lieben kann, jedoch nicht sich selbst. Personen, die von sich eingenommen waren, galten als egoistisch, überheblich und arrogant. Wer sich für etwas Besseres hielt, war ein schlechter Mensch und verstand die wahren Werte des Lebens nicht. Man sollte stets nett, höflich, freundlich und hilfsbereit sein. Wer in der Lage war sich zurückzunehmen, um anderen zu helfen, war einer von den Guten. Selbst wenn man stechende Magenschmerzen bekam, die Großeltern jedoch eine Torte backten, dann aß man ein Stück, aus Respekt. Sich zu schädigen, damit es anderen gut geht, war eine Tugend. So entstand meine Gewohnheit, die mich von der Liebe zu mir selbst fernhielt. Bei jeder Abweichung hielt man mir einen Spiegel vor. So spürte ich, nicht in Ordnung zu sein. In der Schule waren meine Hefte oft mehr rot als blau. Mich zu lieben, hätte sich lächerlich angefühlt.

Vielleicht haben Sie etwas Ähnliches erlebt oder erfahren. Stellen Sie sich mal die Frage, was Sie in Ihrer Kindheit über das Leben und die Selbstliebe gelernt haben. Hat man versucht, Sie in ein Muster zu pressen? Oder durften Sie ganz frei Ihre Erfahrungen machen? War man liebevoll mit Ihnen, wenn Sie Fehler machten?

Viele Menschen glauben, aufgrund Ihrer Geschichte, dass sie erstmal etwas leisten müssen. Manche gehen sogar so weit, dass sie komplett fehlerfrei sein wollen. Alle Schwächen und Fehler zu beseitigen, ist eine Aufgabe, die man nicht erfüllen kann. Warum sollte ein 1,58 m kleiner Mann sich ein Leben lang nicht lieben, nur weil er kein Basketballprofi werden kann. Wieso sollte jemand mit einer Lese- und Rechtschreibschwäche sich dafür hassen, dass andere besser lesen oder schreiben können. Doch genau diese Vergleiche und Gedanken verursachen Einschränkungen. Viele haben ein falsches Verständnis vom Menschsein und glauben daher, dass es ihnen nicht zustünde, Selbstliebe zu erfahren. Wenn Sie so denken und leben, dann verschenken Sie Ihre Selbstachtung und Ihre Lebensqualität. Ist es das wert?

Auch der Vergleich, zwischen Selbstliebe und Selbstverliebtheit hinkt vollkommen. Selbstverliebte Menschen machen andere klein, um sich größer zu fühlen. Sie stellen sich auf ein großes Podest, um auf andere herabzuschauen zu können. Ständig brauchen sie das Gefühl besser, intelligenter und hübscher zu sein, als ihr Umfeld. Menschen mit Selbstliebe denken so nicht. Sie sind mit sich verbunden und vergleichen sich nicht. Selbstliebe ist das Gegenteil von Egoismus und Selbstverliebtheit.

Der Gedanke, den ich damals hatte, dass man nur andere Menschen lieben kann und niemals sich, ist ebenso absurd. Es ist eher umgekehrt. Wenn wir von der Liebe zu einer Person sprechen, dann handelt es sich oft um einen Fantasiegedanken. Wir projizieren eine gedankliche Geschichte auf jemanden und hoffen, dadurch geliebt zu werden. Vielleicht kennen Sie auch die rosarote Brille in den ersten Wochen oder Monaten einer Beziehung. Sie ist wie ein Fotofilter. Wir sehen nur, was wir wollen, weil wir uns so sehr nach der Zuneigung sehnen. Würden wir mit einem klaren Blick an die Sache herangehen, kämen viele Partnerschaften nie zustande. Diese Projektion hat mit wahrer Liebe nichts zu tun. Es ist eine Illusion, die früher oder später verpufft. Oft heißt es dann, dass man sich auseinandergelebt hat. Liebe bedeutet jedoch, jemanden so anzunehmen, wie er wirklich ist. Mit allen Ecken, Kanten, Stärken und Schwächen. Wie sollte man auch wahrhaftig lieben, wenn man in einer Illusion lebt und seine Fantasien in die Welt projiziert? Genauso ist das mit der Selbstliebe. Dafür muss man sich so annehmen, wie man ist. Nicht, um sich perfekt zu fühlen, sondern gerade wegen der eigenen Unperfektheit.

Reflexionsfragen:

Was habe ich als kleines Kind über Selbstliebe erfahren und gelernt?

_____

_____

_____

_____

_____

_____

Hat man versucht, mich als Kind in ein Muster zu pressen? Oder durfte ich frei meine Erfahrungen machen?

_____

_____

_____

_____

_____

_____

War man liebevoll mit mir, wenn ich Fehler machte?

_____

_____

_____

_____

_____

_____

Was musste ich als Kind leisten, um geliebt zu werden?

_____

_____

_____

_____

_____

_____

Gestehe ich es mir zu, mich selbst lieben zu dürfen?

_____

_____

_____

_____

_____

_____

In welchen Bereichen vergleiche ich mich zu sehr mit anderen?

_____

_____

_____

_____

_____

_____

Brauche ich andere Menschen, um Liebe spüren zu können?
Wenn ja, welche Personen sind das?

_____

_____

_____

_____

_____

_____

Kann ich mich lieben, wie ich derzeit bin? Wenn nein, warum
ist das so?

_____

_____

_____

_____

_____

_____

1.3 Wie entsteht Selbstliebe?

Selbstliebe entspricht keiner allgemeinen Definition. Das Wissen Sie bereits. Dennoch gibt es einige Faktoren, die es deutlich einfacher machen, zu erkennen wie sie entsteht und funktioniert. Vielleicht haben Sie schon mal von Iwan Pawlow gehört. Er war ein russischer Mediziner und Verhaltensforscher. Für seine Arbeit wurde ihm 1904 der Medizinnobelpreis verliehen. Die bekannteste seiner Studien war "Der pawlowsche Hund".

Iwan Pawlow bestätigte mit seiner Studie das Gesetz der Gewohnheit. Wenn ein Hund etwas zu fressen bekam, begann im Mund der Speichelfluss. Das ist ein ganz natürlicher Prozess. Durch den Speichel beginnt die erste Verdauungsstufe. Dafür reicht der bloße Anblick des Futters. Weiterhin stellte er fest, wenn er unmittelbar vor der Futtergabe eine Glocke erklingen ließ und dies oft genug wiederholte, begann der Speichel bereits nach dem Glockenton zu fließen. Auch, wenn kein Futter in Sichtweite war. Es wurde eine Gewohnheit aufgebaut. Diese Funktionsweise gibt es im übertragenen Sinn ebenso beim Menschen. Sie erklärt das gesamte System des Lernens.

Interessanterweise stellte ich in der Vergangenheit immer wieder fest, dass vielen Menschen diese Studie bekannt war. Sie wird heute noch in der Schule gelehrt. Im Psychologiestudium und auch in pädagogischen Ausbildungen. Doch kaum einer erklärt, wie wir dieses Wissen konkret in unserem Alltag anwenden können, um so zu leben, wie wir es möchten.

98% dessen, was wir den ganzen Tag lang tun, ist eine konditionierte Gewohnheit und folgt einer Automatisierung. Das Verständnis darüber entscheidet, ob wir uns weiter unbewusst konditionieren lassen oder beginnen uns so zu programmieren, wie wir es möchten. Jedes Mal, wenn ein Reiz wiederholt auf eine Reaktion trifft, verknüpfen sich diese in unserem Nervensystem und bilden eine neuronale Verbindung. So ist es möglich, dass bei einem erneuten Reiz die entsprechende Reaktion automatisch erfolgt. Dieser Mechanismus funktioniert sowohl mit Gedanken, Gefühlen, Emotionen, als auch mit körperlichen Handlungen. Im Grunde genommen besteht unser gesamtes Leben aus Konditionierung. Man kann diese Funktionsweise für oder gegen sich nutzen. Auf der einen Seite gibt es Menschen, die nur auf Reize reagieren und sich ständig über alles und jeden aufregen, weil sie glauben, im Leben abhängig zu sein. Andere setzen sich konkrete Ziele und bauen die Gewohnheiten auf, die notwendig sind, um sie zu erreichen.

Selbstliebe ist ebenso eine Automatisierung, die Sie aufbauen oder abbauen können. Dafür ist es wichtig, zu wissen wie der Mechanismus hinter dem Konditionierungsgesetz funktioniert. Es gibt zwei Stellhebel. Entweder Sie wiederholen einen Vorgang häufig. Dadurch erkennt das Gehirn, dass es sich um etwas Relevantes handelt. Oder Sie arbeiten mit einer hohen Emotion. Diese kann dazu beitragen, dass sich neue Gewohnheiten schnell implementieren lassen. Idealerweise kombinieren Sie eine starke Emotionsintensität mit vielen Wiederholungen. Je mehr selbstliebende Gedanken, Gefühle, Emotionen und Verhaltensweisen Sie ausführen, desto schneller stellt sich eine automatisierte Lebenshaltung dazu ein. Sie erhalten im späteren Verlauf des Buches die fünf magischen Gefühle, mit denen Sie die Grundlage dafür erschaffen können, aber auch viele weitere Techniken und Methoden, die es Ihnen einfach machen werden, sich selbst mehr zu lieben. Denn nichts weniger als das haben Sie verdient.

Ein weiterer großer Baustein ist die Kenntnis über das eigene Wesen und dessen Bedürfnisse. Die meisten Menschen sind nicht das, für was sie sich halten oder ausgeben. Denn die Persönlichkeit ist eine erlernte Gewohnheit. Das Wesen hingegen tragen wir seit der Geburt in uns. Es begleitet uns ein Leben lang.

Ich habe zum Beispiel ein sehr beharrliches und feinfühliges Wesen in mir. Ich liebe Abenteuer und ständige Weiterentwicklung. Ich mag es nicht auf einer Stelle stehen zu bleiben. Das sind jedoch meine individuellen Wesenszüge. Das bedeutet nicht, dass Sie auch so sind. Sie haben ganz eigene Eigenschaften und Bedürfnisse. Und je besser Sie diese kennen, desto mehr können Sie darauf eingehen und die Dinge tun, die für Sie richtig sind. Dadurch, dass jeder Mensch seine eigenen Wesenszüge hat, ist es so, dass auch jeder Selbstliebe für sich definieren muss. Oft geschieht dennoch ein großer Fehler. Der Vergleich mit anderen. Dadurch glaubt man schnell, dass einem etwas fehlt. Selbstliebe bedeutet jedoch, seine Individualität zu kennen, zu erfahren, zu ihr zu stehen und sie auszuleben. Wer sich ständig mit anderen vergleicht, entfernt sich von seinem eigenen Wesen.

Es gab eine Zeit in meinem Leben, in der ich sehr unglücklich war. Ich habe viel gesehen und erlebt. Einiges davon war nicht so angenehm. Trennungen, Verluste, Krankheiten und Vertrauensbrüche. Irgendwann spitzt sich alles so zu, dass ich reagieren musste. Daher begann ich meine Vergangenheit aufzuräumen. Sämtliche Themen, an die gedanklich noch negative Emotionen geknüpft waren, bearbeitete ich und löste sie auf.

Das bedeutet nicht, dass diese Erinnerungen heute weg sind. Die meisten Menschen würden das gerne bezwecken. Das ist aber nicht möglich, vor allem auch nicht notwendig. Die Erinnerungen sind noch vorhanden. Die damit verbundenen Emotionen jedoch nicht mehr. Als sich damals Menschen von mir abwandten, fühlte ich Trauer und Schmerz. Heute hingegen empfinde ich eine tiefe Akzeptanz und Dankbarkeit. Sonst wäre ich jetzt nicht der Mensch, der ich tatsächlich bin.

Zur Selbstliebe gehört es also auch, dass man Frieden mit seiner Vergangenheit schließt und diese ausmistet. Jede Erinnerung, die noch mit einer negativen Emotion oder einem schlechten Gefühl verbunden ist, darf sich in etwas Positives verwandeln.

Vielleicht stellen Sie sich jetzt die Frage, wie das funktionieren soll. Vor allem wenn man sehr schwere Zeiten in seinem Leben erfuhr. Aus meiner Sicht hat das etwas mit Verantwortung sich selbst gegenüber zu tun. Denn warum sollte man heute noch darunter leiden, was zu einem früheren Zeitpunkt geschah. Das macht keinen Sinn. Dadurch, dass die meisten Menschen jedoch nicht wissen, wie das Gehirn funktioniert, bestrafen Sie sich ein ganzes Leben lang selbst. Durch schlechte Erinnerungen bringen sie sich in einen Zustand, indem sie unliebsame Gedanken, Gefühle und Emotionen mental so ausrichten, dass sie unbewusst weitere negative Erlebnisse produzieren. Selbstliebe bedeutet, seine Vergangenheit zu lieben, egal was früher war. Denn es ist Teil des eigenen Lebens. Und wenn man diesen ablehnt, lehnt man auch das Leben ab.

In unserer Gesellschaft sind wir Weltmeister darin, Gefühle zu unterdrücken. Wenn wir etwas Schönes erleben, müssen wir es in der Regel jemandem erzählen. Das hängt damit zusammen, dass wir diese positive Empfindung in einer hohen Intensität nicht ertragen können. Das klingt etwas paradox. Trotzdem unterbrechen wir gute Gefühle und geben unserem Unterbewusstsein damit das Signal, dass wir dieses Gefühl nicht haben wollen. Auf der anderen Seite sind viele Menschen daran gewöhnt sich in negative Gedanken, Gefühle oder Emotionen hineinzusteigern. Was im Umkehrschluss dazu beiträgt, dass sie noch mehr Unliebsames in ihr Leben ziehen. Die einfachste Variante, um aus diesem Dilemma heraus zu kommen ist, sich selber wieder spüren zu lernen. Das bedeutet, dass man weder Positives noch Negatives unterdrückt und sich auch nicht weiter hineinsteigert. Man lässt Gefühle zu, bis sie von alleine gehen. Wenn man das nicht gewohnt ist, kann es zu einer großen Herausforderung kommen. Dennoch lohnt es sich, genau diese zu bewältigen. Manche Gefühle werden so intensiv, dass wir den Eindruck bekommen könnten sie nicht auszuhalten. Doch das ist nur eine Illusion. Wenn sie lernen diese einfach durch sich hindurchziehen zu lassen, kann es zu einer förderlichen Gewohnheit werden. Diese wird Ihnen dabei helfen, sich auf Ihre Gefühlswelt fokussieren zu können. Beginnen Sie also, sich wieder mehr zu spüren.

Für die Selbstliebe ist ein gesunder Selbstwert essenziell. Denn sie richtet sich an ihm aus. Wenn Sie sich für wertlos halten, ist es kaum möglich, sich selbst zu lieben. Haben Sie jedoch einen hohen Wert für sich definiert, steigt auch das Potenzial der Selbstliebe. Doch wie bestimmt man seinen Selbstwert?

Die meisten Menschen kaufen sich teure Sachen, um sich wertvoll zu fühlen. Damals hatte ich eine Freundin, die jedes Wochenende shoppen gehen musste. Es war fast wie eine Sucht. Sie liebte schöne Kleidung, hochwertige Schuhe und edlen Schmuck. Daran ist erstmal nichts falsch. Sie zog jedoch ihren Selbstwert daraus. Hätte sie nicht ständig die neusten, besten und schönsten Klamotten gehabt, wäre sie unglücklich gewesen. Shoppen gab ihr ein Gefühl von Wertigkeit. Genauso war ich früher auch. Ich interessierte mich weniger für Kleidung, sondern mehr für Autos. Manchmal lieh ich mir Sportwagen für 400 Euro am Tag, um mein Selbstwertgefühl zu verbessern. Ein teurer Spaß. Doch ist es falsch sich etwas Hochwertiges zu gönnen? Nein, ganz im Gegenteil. Es kommt dabei nur auf die

Intention an. Wenn man seinen Selbstwert mit Materiellem steigern möchte, hat das wenig mit Selbstliebe zu tun, sondern mit der Kompensation eines Mangels. Gönnen Sie sich jedoch etwas aus dem Gefühl des Selbstwertes heraus, bekommt es eine ganz andere Energie. Wenn Sie sich teure Klamotten, einen Luxusurlaub, Schmuck oder ein schönes Auto leisten, weil Sie es sich wert sind, steckt eine positive Intention dahinter. Sie bestätigen sich damit den Selbstwert, den Sie bereits besitzen. Um den Unterschied zu erkennen, stellen Sie sich die Frage, ob Sie sich ohne diese materiellen Güter ebenso als wertvoll erachten können als mit ihnen.

Das Gleiche gilt für Beziehungen. Fühlen Sie sich ohne einen Partner genauso geliebt als mit einem? Oder gibt es einen Unterschied? Fühlen Sie sich in einer Luxusvilla ebenso bedeutend, wie in einer Einzimmerwohnung mit altem Teppichboden?

Genau das habe ich vor einigen Jahren für mich auf die Probe gestellt. Ich tauschte mein neues großes Auto gegen einen alten Kleinwagen. Es gab keine teuren Urlaube mehr in Ferienhäusern, mit Strandblick, sondern einen Miniwohnwagen mit Vorzelt. Ich schmiss sogar meinen sicheren und gut bezahlten Job hin und verzichtet auf das Geld. Niemand konnte das verstehen. Doch für mich war es eine wundervolle Erfahrung, nachdem der ganze alte Schmerz hochkam und bearbeitet wurde. Das ging schnell, denn nach kurzer Zeit kamen bereits die ersten Minderwertigkeitsgefühle hoch. Manchmal parkte ich mit dem Auto zwei Straßen weiter, um nicht gesehen zu werden. Mit dem Wohnwagen schämte ich mich zunächst. In unserer Straße fragte man sich, ob wir pleite wären. Vielleicht können Sie sich vorstellen, wie mich das triggerte. Doch genau das war meine Absicht. Ich wollte, dass alle negativen Gedanken, Gefühle, Emotionen und Erinnerungen hochkamen. So war es mir möglich, daran zu arbeiten. Es fühlte sich wie eine Operation am offenen Herzen an. Nach einiger Zeit veränderte ich meine Empfindungen. Ich begann mich in dem kleinen alten Auto wohl zu fühlen, liebte die sonderbaren Campingausflüge und stellte mir sogar vor, wie es wäre, für immer in diesem Wohnwagen zu leben. Ich genoss diese Gedanken und erkannte, dass ich jahrelang dem Selbstwertgefühl hinterherlief. Mir wurde klar, wenn ich meinen Selbstwert in einem kleinen alten Auto oder in einem Miniwohnwagen nicht erkennen kann, dann ist Selbstliebe in einem Luxusleben nur eine Illusion. Es ist wie im Kleinen, so auch im Großen.

Ich begann zu verstehen, dass der wahre Selbstwert aus mir selbst entsteht und nicht aus materiellen Dingen. Wenn Sie diesen Zustand einmal erreicht haben, arbeiten Sie aus einer inneren Quelle heraus. Sie sehen sich nicht mehr als etwas Besseres oder Schlechteres.

Wenn ich früher einem Millionär begegnete, stockte mir der Atem. Ich hielt diese Menschen für unnahbar. Ihre Gegenwart fühlte sich übermenschlich an. Nach meiner Transformation spürte ich auf einmal, dass sie ebenso ganz normale Menschen waren. Das wusste ich zwar früher schon. Doch fühlte ich es zum ersten Mal. Ich stellte niemanden mehr auf ein Podest. Es war ein ganz neues Lebensgefühl, in dem ich begann mich selbst und andere tiefer zu verstehen.

Wenn jemand viel Geld haben möchte, um sich besser zu fühlen, schränkt dieser seine Selbstliebe ein und neigt zur Selbstverliebtheit. Verdienen Sie jedoch mehr, weil Sie es sich wert sind und sich lieben, hört die Illusion auf und die wahre Qualität des Lebens kommt zum Vorschein.

Weitere wichtige Faktoren sind das Selbstbewusstsein, das Selbstvertrauen und die Selbstakzeptanz. Oft werden diese Begriffe mit Perfektionismus und Dominanz verwechselt. Früher dachte ich, dass selbstbewusste Menschen Draufgängertypen wären und vor nichts zurückschrecken. Das empfand ich als sehr unangenehm.

Selbstbewusstsein bedeutet in Wahrheit, dass man sich seiner selbst bewusst ist. Man weiß, wer man ist, wo man steht und hinmöchte. Das hat nichts mit Perfektionismus zu tun, sondern mit der Sicherheit man selbst zu sein und das auch zu dürfen. Man kennt seine eigenen Fähigkeiten, die Schwächen, Fehler und Talente. Es herrscht ein Gefühl von Vertrauen zu sich, welches einem genau signalisiert, dass man keine Hemmungen haben muss. Denn diese führen dazu, dass man Chancen verschenkt und sein Minderwertigkeitsgefühl intensiviert.

In der Kindheit gaben einem die Eltern den Rahmen dafür, was richtig und falsch war. Doch viele Menschen haben das mit Liebe und Ablehnung gleichgesetzt. Daher lernten sie, ihr Selbstbewusstsein darauf auszurichten, was andere für gut und nicht gut hielten. Dadurch entfernt man sich von seinem eigenen Wesen. Manche meistern diese Grenze im Kopf recht früh und gehen ihren eigenen Weg. Andere folgen bis zu Tod ihrer Vergangenheit, weil sie nie gelernt haben, alles an sich zu lieben. Ihre Schwächen und Fehler, wie auch die Talente und Fähigkeiten. Ohne eine vollkommene Selbstakzeptanz kann man sich nicht dauerhaft weiterentwickeln. Das bedeutet nicht, dass alles so bleiben soll, wie es ist. Es bedeutet, sich so anzunehmen und zu akzeptieren, wie man jetzt ist. Übergewichtige

Menschen sollten z.B. ihre Kilos lieben und lernen, sich in ihrem Körper wohlzufühlen. Sie brauchen deswegen nicht für immer dick zu bleiben oder dieses Wohlgefühl als Ausrede zu nutzen, um sich nicht anstrengen zu müssen. Sie sollten lernen sich in dem Körper zu lieben, in dem sie derzeit sind. Ob er schlank, übergewichtig, gesund oder krank ist. Aus diesem Gefühl heraus kann man viel einfacher Optimierungen vornehmen.

Selbstliebe hat ebenso sehr viel mit sozialen Aspekten zu tun. Wer sich lange Zeit in einem Umfeld aufhält, indem man nicht so sein kann und darf, wie man ist, wird sich unwohl fühlen und möglicherweise an sich zweifeln.

Vielleicht kennen Sie das auch. Jemand gähnt und Sie müssen ebenfalls gähnen. Irgendwer lacht und Sie fangen ebenso an zu lachen. Ein Freund trauert vor Ihren Augen und Sie trauern mit. Dieses Phänomen nennen wir Mitgefühl. Ich behaupte, dass jeder Mensch darüber, in unterschiedlicher Ausprägung, verfügt. Doch wie funktioniert das und warum ist es so wichtig?

Die wissenschaftlichen Erkenntnisse, wie Mitgefühl wirklich entsteht, stehen uns seit gut einem Vierteljahrhundert zur Verfügung. Ein Team aus Wissenschaftlern hat 1992 Affen untersucht. Sie fanden heraus, dass man Hirnsignale messen konnte, wenn die Tiere nach ihrem Futter griffen. Dabei entdeckten sie, dass die Messgeräte ebenso ausschlugen, sobald ein Mensch sich bewegte und der Affe nur zusah. Die Gehirnströme sandten somit Signale aus, obwohl die Primaten nur die Bewegungen eines Menschen verfolgten. Das war ein Beleg dafür, dass sie das Verhalten anderer im Gehirn spiegeln konnten. Die Nervenzellen, die das möglich machten, nennen wir heute Spiegel-neuronen. Erst achtzehn Jahre später wurde be-stätigt, dass Menschen ebenso darüber verfügen.

Die Fähigkeit, andere zu spiegeln, sorgt dafür, dass wir uns weiterentwickeln. Vielleicht haben Sie mal beobachtet, wie ein Kind laufen lernt. Es tut das nur, weil es sich das von seinem Umfeld abgeschaut hat. Angenommen es wäre grundsätzlich normal, auf Händen zu gehen, dann würden sich Kinder auch das abschauen und nachahmen.

Wir Menschen haben also eine eingebaute Kopierfunktion, die es uns ermöglicht das Handeln von anderen zu imitieren. Wir lernen nicht durch Befehle oder Anweisungen, sondern dadurch, dass man uns etwas vorlebt.

Jim Rohn, ein US-Amerikanischer Unternehmer, Autor und Motivationstrainer sagte mal, dass eine Person die Summe aus den fünf Menschen ist, mit denen er sich die meiste Zeit umgibt. Daher ist es so wichtig, sich überwiegend in einem Umfeld aufzuhalten, in dem man sein kann, wie man wirklich ist. Denn nur so können wir unser eigenes Wesen optimal entfalten.

Reflexionsfragen:

Welche Gewohnheiten habe ich, die meine Selbstliebe fördern?

_____

_____

_____

_____

_____

_____

Welche Gewohnheiten habe ich, die meine Selbstliebe sabotieren?

_____

_____

_____

_____

_____

_____

Welche Eigenschaften machen mein Wesen aus?

_____

_____

_____

_____

_____

_____

_____

Welche Hauptbedürfnisse habe ich in meinem Leben?

_____

_____

_____

_____

_____

_____

_____

Welche alten Erinnerungen habe ich, die noch mit negativen Emotionen verbunden sind?

_____

_____

_____

_____

_____

_____

_____

In welchen Situationen unterdrücke ich meine Gefühle?

_____

_____

_____

_____

_____

_____

_____

In welchen Situationen gelingt es mir bereits, mich alleine zu freuen? Und in welchen nicht?

_____

_____

_____

_____

_____

_____

_____

Was fehlt mir noch für ein gesundes Selbstwertgefühl?

_____

_____

_____

_____

_____

_____

Welche materiellen Dinge brauche ich noch, um mich glücklich zu fühlen? Wie kann ich das ändern?

_____

_____

_____

_____

_____

_____

Mit welchen Menschen sollte ich mich umgeben, damit ich so sein kann, wie ich wirklich bin?

_____

_____

_____

_____

_____

_____

In welchen Situationen belastet mich Kritik? Wie kann ich das ändern?

_____

_____

_____

_____

_____

_____

Fühle ich mich ohne einen Partner genauso geliebt als mit einem? Oder gibt es einen Unterschied?

———————————————————————

———————————————————————

———————————————————————

———————————————————————

———————————————————————

———————————————————————

Fühle ich mich in einer Luxusvilla ebenso bedeutend, wie in einer Einzimmerwohnung mit altem Teppichboden?

———————————————————————

———————————————————————

———————————————————————

———————————————————————

———————————————————————

———————————————————————

Wo stehe ich im Leben und wo möchte ich hin?

———————————————————————

———————————————————————

———————————————————————

———————————————————————

———————————————————————

———————————————————————

Kenne ich meine Fähigkeiten, Schwächen, Fehler und Talente? Wenn ja, welche sind das?

_____

_____

_____

_____

_____

_____

1.4 Wie das Unterbewusstsein die Gedanken, Gefühle und Emotionen steuert

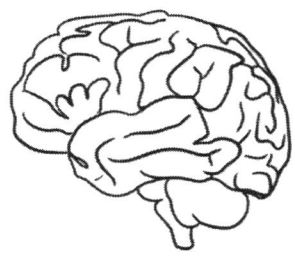

Viele Menschen wissen nicht, wie das Unterbewusstsein funktioniert. Deswegen leiden sie. Es fällt ihnen schwer, sich selbst zu lieben, zu achten und gut für sich zu sorgen.

Das Unterbewusstsein tut exakt das, was wir ihm befehlen. Dabei macht es keine Fehler. Niemals. Wir geben uns selbst das Kommando, Angst, Wut, Freude oder Liebe zu empfinden. Der Schlüssel liegt darin, die Systematik zu begreifen. Wenn wir z.B. Fahrradfahren lernen, aber noch nie gefahren sind, ist es wichtig, unserem Gehirn die Abläufe immer wieder zu zeigen. Das funktioniert dadurch, dass wir uns auf das Fahrrad setzen und versuchen, alle Sinne und motorischen Vorgänge gleichzeitig zu koordinieren. Das Unterbewusstsein unterstützt uns darin, weil die Handlungen wie Befehle wirken. Daraus entwickelt sich langsam eine feste Gewohnheit. Irgendwann müssen wir nicht mehr darauf achten, das Gleichgewicht zu halten. Es hält sich von selbst.

Genauso ist das in anderen Bereichen. Immer, wenn wir etwas denken oder fühlen, wirkt es wie ein Befehl, mehr davon zu produzieren. Sind Sie z.B. traurig, dann sucht Ihr Unterbewusstsein nach Möglichkeiten und Wegen, wie Sie ihre Traurigkeit weiter vertiefen können. Es glaubt, dass Sie sich das bewusst ausgesucht haben. Dadurch verliert man irgendwann die Kontrolle und wird von seinen Gefühlen gesteuert. Es kommt zu unkontrollierbaren Gedanken und Emotionen. Das wichtigste, was Sie verstehen müssen ist, dass Ihr Unterbewusstsein Ihre aktuelle Gefühlssituation als Befehl annimmt, noch mehr davon zu produzieren.

Wie beim Fahrradfahren. Sie versuchen, konzentriert das Gleichgewicht auf dem Fahrrad zu halten und Ihr Unterbewusstsein gibt Ihnen immer mehr Stabilität. Sind Sie dabei frustriert, kommt vermehrt Frust auf. Sind Sie entspannt, dann fahren Sie auch entspannt.

Kommen wir zum nächsten Geheimnis. Was viele Menschen ebenso nicht wissen ist, dass ihr Unterbewusstsein ständig alle Sinne, miteinander verknüpft und diese Kombinationen abspeichert. Wenn jemand einen schlechten Tag hat und sich schwach fühlt, aber anfängt, eine neue Sprache zu lernen, verknüpft das Unterbewusstsein die Schwäche mit dem Lernen der neuen Sprache. Die Folge kann sein, dass man selbst an einem guten Tag nach wenigen Minuten des Lernens wieder diese Schwäche spürt. Das Unterbewusstsein erinnert sich daran, dass „Neue Sprache lernen" ein Gefühl von „Schwäche" bedeutet. Dabei hat es damit gar nichts zu tun. Viele denken das aber. So werden tausende Ängste erlernt, obwohl es nicht um die Angst geht, sondern nur darum, dass man nie erfahren hat, wie primitiv das menschliche Unterbewusstsein ist. Aber genau das ist die große Chance. Wenn Sie wissen, wie es funktioniert und das verkörpern, können Sie mit simplen Techniken riesige Erfolge erzielen. Sie erkennen die Illusion hinter dem ganzen Schauspiel.

Nun verrate ich Ihnen noch ein drittes Geheimnis. Die meisten Menschen, die Ihre negativen Empfindungen einschränkend finden, produzieren mit Ihrem Gefühl noch mehr Begrenzungen. Das wissen Sie bereits. Die Wenigsten haben jedoch ein

Gespür dafür, wie sie sich eigentlich fühlen möchten und deswegen ändert sich nichts. Wenn Sie sich eingeschränkt fühlen und Ihr Unterbewusstsein produziert noch mehr Einschränkung, was passiert, wenn Sie stattdessen Mut oder Gelassenheit empfinden? Genau! Das Unterbewusstsein produziert noch mehr Mut oder Gelassenheit. Wenn Sie negative Gefühle unterbrechen, dann das Gefühl von Mut oder Gelassenheit produzieren und das häufig wiederholen, passiert was? Ihr Unterbewusstsein produziert automatisch mehr Mut oder Gelassenheit.

Man muss nichts weiter tun, als dem Unterbewusstsein in seiner Sprache die exakte Anleitung zu geben. Das wiederholen Sie, bis es ein automatisches Programm wird. Funktionieren tut das mit allen Gedanken, Gefühlen, Emotionen und Verhaltensweisen. Mehr erfahren Sie später im dritten Teil des Buches.

Reflexionsfragen:

Welche Kommandos gebe ich regelmäßig an mein Unterbewusstsein, die nicht förderlich für meine Selbstliebe sind?

_____

_____

_____

_____

_____

Welche Kommandos gebe ich regelmäßig an mein Unterbewusstsein, die förderlich für meine Selbstliebe sind?

_____

_____

_____

_____

_____

In welchen Situationen fühle keine Liebe zu mir selbst? Wie habe ich mir das in der Vergangenheit angewöhnt?

_____

_____

_____

_____

_____

In welchen Situationen kommen negative Empfindungen auf?
Wie habe ich mir das in der Vergangenheit angewöhnt?

_____

_____

_____

_____

_____

_____

1.5 Selbst-Test – Wie sehr liebe ich mich wirklich?

Jetzt haben Sie die Möglichkeit, sich selbst zu testen. Wie groß ist Ihre Selbstliebe aktuell? Der von mir entwickelte Selbst-Test besteht aus 30 Fragen. Beantworten Sie diese bitte so ehrlich wie möglich und zählen ihre Punkte am Ende zusammen. Im Anschluss erhalten Sie Ihre Auswertung. Dieser Test dient dazu eine erste oder weiterführende Einschätzung zu Ihrer Selbstliebe zu bekommen. Lesen Sie bitte erst weiter, wenn Sie diesen Selbst-Test absolviert haben und führen ihn ggf. zu einem späteren Zeitpunkt erneut durch, um Ihre Entwicklung beobachten zu können.

	0 nie	1 selten	2 öfter	3 häufig	4 sehr häufig	5 immer
1. Ich übernehme die volle Verantwortung für mich und mein Leben.						
2. In meinem Leben stehe ich an erster Stelle.						
3. Ich kümmere mich um mich selbst.						
4. Ich nehme mein Leben selbst in die Hand.						
5. Ich brauche keine anderen Menschen, um glücklich zu sein.						
6. Ich bin immer ehrlich zu mir selbst.						
7. Ich transformiere negative Gedanken sofort in Positive.						
8. Ich zeige mich so, wie ich wirklich bin.						
9. Ich lasse mir nicht vorgeben, was gut und richtig für mich ist.						
10. Ich liebe meine Schwächen, Fehler und Misserfolge.						

	0 nie	1 selten	2 öfter	3 häufig	4 sehr häufig	5 immer
11. Ich weiß genau, was Selbstliebe für mich und mein Leben bedeutet.						
12. Ich schiebe anderen nicht die Schuld zu.						
13. Ich brauche keine materiellen Gegenstände, um glücklich sein zu können.						
14. Ich vergleiche mich nicht mit anderen.						
15. Ich weiß, wer ich wirklich bin.						
16. Ich habe eine vollständig aufgeräumte Vergangenheit und blicke mit reiner Liebe zurück.						
17. Ich liebe meinen Körper, wie er ist.						
18. Ich liebe alle Gedanken, Gefühle und Emotionen, die durch mich hindurchströmen.						
19. Ich habe einen hohen Selbstwert.						

	0 nie	1 selten	2 öfter	3 häufig	4 sehr häufig	5 immer
20. Ich habe ein großes Vertrauen in mich selbst.						
21. Ich habe ein starkes Selbstbewusstsein.						
22. Ich nehme Kritik nicht persönlich.						
23. In meinem Umfeld kann ich sein, wie ich wirklich bin.						
24. Ich brauche keinen Retter, wenn ich in einer Krise stecke.						
25. Ich habe eine absolute Klarheit darüber, was ich in meinem Leben will.						
26. Ich setze mich bei Hindernissen durch.						
27. Ich brauche keinen Lebenspartner, um Liebe zu spüren.						
28. Ich kann mit mir alleine glücklich sein.						
29. Ich gebe anderen Menschen den Raum sich individuell entfalten zu können.						

	0 nie	1 selten	2 öfter	3 häufig	4 sehr häufig	5 immer
30. Ich trenne mich von Menschen, die mir nicht guttun.						

Meine Gesamtpunktzahl: _____

Auswertung

0 – 50 Punkte

In diesem Punktebereich ist es kaum möglich, ein glückliches und zufriedenes Leben zu führen. Vermutlich ist Ihre emotionale Belastung sehr hoch, während Sie von wahrer Selbstliebe sehr weit entfernt sind. Je länger Sie sich in diesem Bereich aufhalten, desto mehr gewöhnen Sie sich an diesen Zustand. Selbst wenn Sie hin und wieder etwas für sich tun, so ist die Gefahr groß, eine Rückwärtsbewegung zu machen. Eine dringende Empfehlung ist es diesen Zustand so schnell wie möglich zu optimieren. In vielen Fällen kann ein Coaching bahnbrechende Ergebnisse erzielen. Sollte sich jedoch eine psychische Krankheit abzeichnen, so ist ärztlicher oder therapeutischer Rat notwendig.

51 – 90 Punkte

Sehr wahrscheinlich befinden Sie sich in einem Hamsterrad. Daraus auszubrechen birgt möglicherweise eine große Chance für Sie, Ihre Lebensqualität und Selbstliebe. Doch meistens fehlt die Zeit oder die notwendige Konzentration für die Umsetzung. Mit einigen Techniken, Übungen, dem richtigen Training und dem angewandten Wissen über Selbstliebe, Gedanken, Gefühle und Emotionen kommen Sie sicherlich schneller und einfacher in ein noch ausbalancierteres und glücklicheres Lebensgefühl. Es gibt Möglichkeiten, sich innerhalb von wenigen Sekunden in einen deutlich besseren Gefühlszustand zu bringen. Dafür ist etwas Übung erforderlich. Scheuen Sie sich nicht davor den Rat eines Experten hinzuzuziehen.

91 – 119 Punkte

Ihr Selbstliebeniveau schwankt, befindet sich jedoch im guten mittleren Bereich. Manchmal erleben Sie schwierige Phasen. Oft wissen Sie sich selbst zu helfen. Es kann sehr hilfreich für Sie sein, sich genau die Fragen anzusehen, bei denen Sie sich 0, 1 oder 2 Punkte gegeben haben, um dafür geeignetere Wege zu finden. Gehen Sie dann systematisch weiter vor und suchen nach besseren Möglichkeiten für die Bereiche, bei denen Sie sich 3

Punkte gegeben haben. Es wird Ihnen vielleicht helfen, wenn Sie noch stärker auf die Signale Ihrer Gedanken, Gefühle, Emotionen und innersten Bedürfnisse achten. Mit ein paar Entspannungstechniken, mentalen Übungen und dem richtigen Wissen über Selbstliebe, können Sie Ihre Lebensqualität auf ein noch höheres Niveau bringen.

ab 120 Punkte

Sie führen ein sehr ausbalanciertes Leben und haben scheinbar Ihre Gedanken, Gefühle und Emotionen im Griff. Sie lassen sich nicht vom Leben herumschubsen, wissen wer Sie sind und was Sie erreichen möchten. Auch wenn sich Ihnen Hindernisse in den Weg stellen, stehen Sie mit beiden Beinen auf dem Boden und sind fast jeder Situation gewachsen. Selbst schwierigen Momenten sind Sie nicht hilflos ausgeliefert, sondern finden selbständig Ihren Weg damit umzugehen. Ihre Liebe zu sich ist auf einem hohen Niveau. Seien Sie dankbar dafür und pflegen Sie diesen Zustand.

1.6 Wer bin ich wirklich?

Jeder Mensch ist ein individuelles Wesen. Auf der gesamten Erde gibt es keine zwei Menschen, die völlig identisch sind. Schauen wir uns dabei unsere Gesellschaft an, dürfte auffallen, dass an vielen Stellen versucht wird, Personen über einen Kamm zu scheren und sie anzugleichen. Das beginnt bereits im Kindergarten. Es gelten für alle die gleichen Regeln. Genauso in der Schule. Es spielt keine Rolle, wer welche Talente und Begabungen hat. Es wird nach einem System bewertet und beurteilt. Sicherlich hat das Vorteile und wir könnten tagelang darüber diskutieren, warum das von höheren Mächten vorgegeben wird. Darum soll es aber nicht gehen. Ich möchte aufzeigen, was durch dieses System verloren geht und wie sie die verborgenen Schätze wiederfinden können.

Durch die Angleichung der Menschen in einem System kommt es zwangsläufig zu Problemen und Konflikten. Dadurch, dass sich kaum jemand wirklich ausleben und finden kann, werden Menschen von ihrem eigentlichen Wesen getrennt. Sie entwickeln eine Identität, die vorprogrammiert in einem Mangel lebt. Je weniger Freiraum es für die persönliche Entfaltung gibt, desto gravierender wird es. Das kann dazu führen, dass man ständig das Gefühl hat nicht gut zu sein. Durch die Bewertungen von außen hat ein Kind kaum eine andere Wahl. Ich bin selbstverständlich auch der Meinung, dass Kinder einen gewissen Rahmen brauchen. Dennoch wünsche ich mir, für die Entwicklung unseres Planeten, etwas mehr Freiraum. Ein Leben zu führen, was nicht dem eigenen Wesen entspricht, ist ein verlorenes Leben. Dramatisch an der Sache ist, dass viele Menschen, gar nicht mehr unterscheiden können, was nun ihr Wesen ist und was zur programmierten Identität gehört. Sie werden von Gedanken, Gefühlen und Emotionen gesteuert, die man ihnen eingepflanzt hat. Das ist einer der Hauptursachen, warum Selbstliebe für viele ein Fremdwort ist.

Viele Menschen wollen einen sicheren Job haben und erfolgreich Karriere machen. Andere wünschen sich eine Familie mit Kindern und ein Haus mit Garten. Doch sind das wirklich die eigenen Gedanken und Wünsche? Viele möchten das nur, weil sie andere gesehen haben, die scheinbar damit glücklich sind oder vorgeben es zu sein? Vielleicht wollen sie es auch, weil Eltern, Lehrer und andere Personen ihnen das im Laufe der Entwicklung immer wieder gezeigt haben. Sie glauben, dass man das erreichen muss, um in der Gesellschaft etwas zu sein. Es gibt ein Gefühl von Sicherheit und Geborgenheit. Doch in Wirklichkeit ist das alles eine Illusion. Wieso werden im Schnitt 50% der Ehen wieder geschieden? Es liegt daran, dass man sich auseinandergelebt oder verändert hat. Das eigene Wesen klopft Tag und Nacht am Unterbewusstsein und will raus. Manchmal kommt es zum Vorschein und wird vom Alltag wieder unterdrückt. Wir brauchen uns nichts vormachen. Die wenigsten Menschen leben das, was sie sich aus tiefstem Herzen wünschen. Dieses Gefühl projizieren sie auf ihren Partner, auf die Kinder und das schlechte Karma im Haus. Viele sind ewig auf der Suche. Dabei befindet sich der größte Schatz in einem selbst.

Eine komplette Wesensanalyse, wäre für den Umfang dieses Buches selbstverständlich zu groß. Ich mache das häufig für einige meiner Klienten. Dann erzähle ich ihnen manchmal in 3-4 Stunden, wer sie wirklich sind. Das verursacht oft Tränen, aber auch viele wundervolle Erkenntnisse. Das

Thema ist sehr umfangreich und geht tief. Ich kenne kein Buch, in dem das ansatzweise hätte wiedergegeben werden können. Vielleicht wage ich mich irgendwann mal daran.

Sie können sich aber auch selbst ein paar wesentliche Fragen beantworten, um einen kleinen Einstieg zu finden. Denken Sie dabei immer daran, herauszufinden was tatsächlich ihrem Wesen entspricht und was Sie möglicherweise von andern gelernt haben.

Reflexionsfragen:

Was macht meine Persönlichkeit aus?

_____

_____

_____

_____

_____

_____

_____

_____

_____

_____

_____

Was sind meine wesentlichen Persönlichkeitsmerkmale?

_____

_____

_____

_____

_____

_____

_____

Welche Persönlichkeitsmerkmale hatte ich schon als kleines Kind?

_____

_____

_____

_____

_____

Welche Persönlichkeitsmerkmale habe ich von anderen Menschen übernommen?

_____

_____

_____

_____

_____

_____

Wie sehe ich mich selbst?

_____

_____

_____

_____

_____

_____

Wie sehen mich andere?

_____

_____

_____

_____

_____

Wie sieht mein Idealbild von mir aus?

_____

_____

_____

_____

_____

Wie definiere ich meinen Selbstwert?

_____

_____

_____

_____

Was sind meine ganz individuellen Stärken?

_____

_____

_____

_____

_____

_____

Welche Werte habe ich durch meine Erziehung mitbe-
kommen?

_____

_____

_____

_____

_____

_____

_____

Welche Werte möchte ich gerne leben und warum?

_____

_____

_____

_____

_____

_____

Was will ich in meinem Leben erreichen, erfahren oder spüren?

———————————————————————

———————————————————————

———————————————————————

———————————————————————

———————————————————————

———————————————————————

———————————————————————

Was erwarten andere Menschen von mir, wie mein Leben aussehen sollte?

———————————————————————

———————————————————————

———————————————————————

———————————————————————

———————————————————————

———————————————————————

Welche Lebensziele habe ich, die tatsächlich aus meinem Herzen kommen?

———————————————————————

———————————————————————

———————————————————————

———————————————————————

———————————————————————

———————————————————————

Bin ich bereit andere Menschen, die ich liebe, loszulassen, damit sie sich auch komplett frei entfalten können?

_____

_____

_____

_____

_____

_____

1.7 Gefahren bei mangelnder Selbstliebe

Es ist nicht zu unterschätzen. Wer sich selbst nicht liebt, verliert an Lebenskraft und Lebensenergie. Das führt oft dazu, dass man in Beziehungen landet, die einem nicht guttun. Andere bauen ein Helfersyndrom auf, schützen sich mit Egoismus oder narzisstischem Verhalten, erreichen ihre Wünsche, Träume und Ziele nicht oder sind zu schwach, um die Hürden des Lebens erfolgreich zu meistern. Auch Ängste können dadurch verursacht werden. Das beschreibe ich ganz genau in meinem Buch „Ich besiege die Angst". Sie sollen dabei keineswegs den Eindruck erhalten, dass ich Sie beunruhigen möchte. Ich kann jedoch die Tatsachen nicht vor Ihnen verstecken. Es ist wichtig, dass Sie das wissen. Mir ist bewusst, dass es Leserinnen und Leser geben wird, die nun ein riesen Chaos in sich verspüren und sich daher nicht intensiv mit sich auseinandersetzen wollen. Das kann ich verstehen, da ich das selbst viele Jahre so machte. Der Schmerz war zu groß, dass ich hätte alles verlieren können. Nur für ein bisschen Selbstliebe. Die Entscheidung kann einem jedoch niemand abnehmen. Manch einer trifft sie sofort, andere brauchen etwas länger und wieder andere treffen sie nie.

Energieverschwendung

"Die Kunst liegt nicht darin mehr Energie zu erhalten, sondern die vorhandene Energie optimal einzusetzen."

In der Zeit, als ich weit entfernt von der Selbstliebe war, fühlte ich mich schwach und klein. Das lag daran, dass ich sehr auf das fixiert war, was außen passierte und ständig die Bestätigung bekam, dass ich nicht gut war, so wie ich bin. Mein Selbstvertrauen und mein Selbstwertgefühl waren am Boden. Was ich damals nicht wusste war, dass sich dadurch meine Energie reduzierte. Ich hatte häufiger Phasen, in denen ich mich fragte, warum ich so schlapp war. Heute weiß ich, dass jeder Mensch ungefähr über das gleiche Energiepotential verfügt. Es kommt jedoch darauf an, wie man damit umgeht.

Je besser Sie mit Ihrer Energie umgehen, desto

leistungsfähiger und glücklicher können Sie sein. Der einzige Unterschied zwischen erfolgreichen und nicht erfolgreichen Menschen liegt darin, dass sie die zur Verfügung stehende Energie anders einsetzen. Um es zu verdeutlichen, schauen wir uns die verschiedenen Energiebereiche einmal an.

Ebene 1:

Vollautomatische Prozesse, Atmung, Herz-schlag, Verdauung, Heilungsvorgänge und die Wahrnehmungsverarbeitung.

Ebene 2:

Gedanken zum Selbstvertrauen, Selbstwert und zur Selbstliebe sowie belastende Gefühle.

Ebene 3:

Gewohnheitstätigkeiten, wie Fahrradfahren, Waschen, Zähneputzen, Laufen, Anziehen, Lernen usw.

Ebene 4:

Das Treffen von Entscheidungen und Termindrucksituationen.

Ebene 5:

Visionen, Zukunftsgedanken, Entwicklungsgedanken, Selbstentfaltung.

Je nachdem, wie viel Energie Sie für einen dieser Bereiche aufwenden, entscheidet darüber, wie viel Kraft Ihnen noch für andere Prozesse und Tätigkeiten übrigbleibt. Wenn ein Mensch beispielsweise krank ist, benötigt er eine Menge Energie, um wieder gesund zu werden. Somit hat er weniger Kraft, um andere Herausforderungen zu meistern. Wenn sich jemand bewusst oder unbewusst den ganzen Tag fragt, ob das was, er macht, gut ist oder ob er selbst okay ist, dann sind das Selbstwertfragen, die Energie rauben. Ist jemand hingegen selbstbewusst und voller Selbstvertrauen, steht ihm deutlich mehr Kraft für andere Bereiche zur Verfügung.

Genauso ist das mit der Selbstliebe. Wenn sich jemand selbst nicht liebt, lehnt er bewusst oder unbewusst etwas an sich ab. Das Gehirn versucht, das irgendwie auszugleichen. Doch das kostet enorm viel Kraft. Wenn Menschen Energie für etwas aufwenden, während es bei anderen automatisch läuft, haben diese im Vergleich weniger Power für andere Dinge zur Verfügung. Ist es für jemanden eine Gewohnheit sich schnell und richtig zu entscheiden, kostet ihn das sehr wenig Kraft. Ist man ständig hin- und hergerissen, verbraucht das mehr Energie. Es macht also Sinn, achtsam mit dem eigenen Energiepotenzial umzugehen.

Die Kunst liegt nicht darin mehr Energie zu bekommen, sondern die vorhandene anders einzusetzen. Dabei sollten Sie berücksichtigen, dass die Energie eines Menschen durch den unterschiedlichen Verbrauch schwankt.

Reflexionsfragen:

In welchen Bereichen verbrauche ich sehr viel Energie?

_____

_____

_____

_____

_____

_____

In welchen Bereichen kann ich zukünftig Energie einsparen, indem ich etwas verändere?

_____

_____

_____

_____

_____

_____

Toxische Beziehungen und Co-Abhängigkeit

Wenn es Menschen im näheren Umfeld schlecht geht, können wir das nur selten mit ansehen. Es bewegt und nimmt uns mit. Oft entwickelt sich ein tiefes Mitgefühl und den Wunsch, dem anderen zu helfen. Für viele ist das einfacher gesagt als getan.

Verschiedene Studien sprechen darüber, dass mit der geschätzten Dunkelziffer circa 7-10% der deutschsprachigen Menschen in einer Co-Abhängigkeit leben. Dabei fokussiert sich der Großteil der eigenen Gedanken, Gefühle und Emotionen auf die Problemwelt einer nahestehenden Person. Die Probleme können sehr vielfältig sein. Sie reichen von Beziehungs- bis hin zu starken Suchtthemen oder Gewalt. Co-Abhänge versuchen, in der Regel dem anderen zu helfen oder ihm den Weg freizuräumen. Sie zeigen oft ein zu großes Verständnis für die Welt des anderen. Dadurch verlieren sie sich selbst verlieren und verschärfen gleichzeitig unbewusst die Probleme. Das merken sie jedoch oft nicht. Sie spielen es herunter und versuchen es zu kompensieren.

Was für einen Betroffenen wie Hilfe aussieht, scheint für andere im Außen wie eine große Bedrohung. In vielen Fällen ist es das auch. Meist durchlaufen Co-Abhängige drei Phasen. Zu Beginn wollen Sie helfen und beschützen. Sie zeigen sehr viel Mitgefühl und Verständnis. Dadurch erhoffen sie sich, dass die Probleme verschwinden, und sie wieder unbeschwert und frei leben können. Geschieht das nicht, verschärfen sie die Maß-nahmen. Aus Mitgefühl wird Kontrolle. Sie überwachen Handydaten und das Verhalten. Bei Suchtproblemen werden Medikamente, Alkohol oder andere Substanzen versteckt. Sie erhoffen sich dadurch eine Verbesserung. Tritt auch diese nicht ein, schwenkt die Stimmung meist um. Es gibt Streit, Vorwürfe und man leidet extrem unter der Situation. Nur wenige Betroffene holen sich an dieser Stelle Hilfe.

Anita war Anfang 50, als Sie sich bei mir meldete. Sie kam ursprünglich, um herauszufinden, warum ständig ihre Beziehungen scheiterten. Ihr Glaube war, beziehungsunfähig zu sein und laufend an die falschen Männer zu geraten. Während unserer ersten Termine war Sie in einer Partnerschaft. Jedoch wieder unglücklich. Ihren Freund lernte Sie auf einer Feier kennen. Dort führten Sie nette Gespräche, machten Witze und tranken ein paar Gläser Wein. Sie tauschten an diesem Abend die Nummern aus und verabredeten sich bereits zwei Tage später zum Essen. Wieder gab es eine schöne Zeit. Sie verliebten sich ineinander. Er war ein erfolgreicher Geschäftsmann im Immobilienbereich und Anita Fitnesstrainerin in einem Rehazentrum. Sie erzählte mir, dass die ersten Wochen sehr harmonisch, liebevoll und leidenschaftlich waren. Ihr fiel jedoch auf, dass sie immer ihn besuchte. Er kam aber nie zu ihr. Sie dachte sich nichts dabei und genoss die Zeit. An einem Abend waren sie verabredet. Wieder fuhr Anita zu ihm. Sie parkte ihr Auto in seiner Einfahrt, ging zur Tür und klingelte. Niemand öffnete. Sie sah, dass Licht brannte. Sein Sportwagen stand vor der Garage. Also klingelte sie nochmal. Laut polternd kam jemand und öffnete. Es war ihr Freund. Anita lächelte ihn an und er sagte: „Ach, das habe ich ganz vergessen. Ich habe morgen einen wichtigen Termin und bin sehr müde. Fahr bitte wieder nach Hause. Ich habe heute keinen Kopf mehr." Anita fragte, ob alles okay sei und er erwiderte: „Ich habe Dir doch gesagt, dass ich morgen einen wichtigen Termin habe. Verstehst Du das nicht?" Sie war sehr traurig, verabschiedete sich und machte sich auf den Heimweg. Auf der Fahrt rief sie eine Freundin an und hatte dabei das Gefühl etwas Ablenkung gebrauchen zu können. So verabredeten sie sich kurzerhand in einem Lokal und verbrachten noch ein paar Stunden dort. Zwischendurch kam eine Textnachricht von ihrem Freund: „Ich vermisse Dich. Wollen wir telefonieren?" Anita schrieb zurück: „Ich bin mit einer Freundin was trinken. Ich kann Dich nachher anrufen, wenn ich zuhause bin." Daraufhin kam nichts mehr. Circa 30 Minuten später ging sie vor die Tür des Lokals, um ihn anzurufen. Er hob ab und frage: „Was willst Du." Anita war völlig irritiert und antwortete: „Ich wollte mich kurz melden, da Du telefonieren wolltest." Ihr Freund erhob die Stimme: „Du wolltest nach Hause fahren. Lügnerin. Und jetzt krallst Du Dir den nächst besten Typen und gehst Dir einen trinken." Anita war sprachlos und erklärte ihm, wie es wirklich war. Doch mittendrin legte er einfach auf. Sie begann zu weinen. Ihre Freundin kam irgendwann auch vor die Tür, drückte sie. Der Abend war gelaufen.

Am nächsten Tag meldete er sich mit einem liebevollen Morgengruß und Küsschen per Textnachricht. Sie verabredeten sich für den Abend, sprachen jedoch kein Wort über den Vortag. Es war, als wäre nichts passiert. In unregelmäßigen Abständen erlebte Anita weitere Situationen, in denen er sie einfach links liegen ließ, ignorierte, ihr Vorwürfe machte oder Verabredungen platzten. Immer, wenn Sie darüber reden wollte, sagte er: „Wir sind doch keine Teenager. Alles ist gut. Mach Dir keinen Kopf." Dadurch kam es nie zu einer Aussprache.

Anita veränderte sich über die Zeit. Sie weinte viel, konnte kaum klare Gedanken fassen, meldete sich regelmäßig auf der Arbeit krank und vernachlässigte ihre Freunde. Sie war sich keiner Schuld bewusst. Ständig hatte sie das Gefühl etwas falsch zu machen. Das tat ihr weh. Sie konnte sich aber nicht trennen, da er auch gute und liebevolle Seiten hatte.

Schließlich wurde sie von ihrem Hausarzt nach einer Panikattacke in eine psychiatrische Klinik eingewiesen. Dort bekam Sie Medikamente, wurde ruhiggestellt und konnte sich besinnen. Ihr Freund kam sie nach zwei Tagen besuchen, brachte ihr einen Blumenstrauß mit und tat wieder so, als wäre nichts gewesen. Bevor er ging, sagte er ihr: „Ich habe von Anfang an gewusst, dass Dir was fehlt. Lass Dir unbedingt helfen." Dann verließ er das Zimmer und meldete sich einige Tage nicht mehr.

Als Anita zu mir kam und davon erzählte, war sie seit 4 Wochen entlassen. Sie quälte sich weiter mit dieser On-off-Beziehung und suchte meinen Rat. Anhand ihrer Geschichte war mir schnell klar, dass sie sich in einer emotionalen Abhängigkeit befand. Durch die Vorarbeit der Klinik und ein paar gemeinsame Gesprächstermine konnte sie diese auflösen und sich trennen. Sie erkannte, wie toxisch und gefährlich die Beziehung für sie war. Danach bauten wir systematisch ihr Selbstbewusstsein wieder auf. Sechs Monate später verliebte sie sich in einen anderen Mann, der wirklich zu ihr passte.

Toxische Beziehungen und Co-Abhängigkeiten zerstören das Selbstwertgefühl, das Selbstvertrauen und verhindern, dass man sich selbst lieben kann. Im Beispiel von Anita können Sie sehen, wie schnell eine gesunde, fitte und vitale Frau an ihre Grenzen stoßen kann. Psychopathisch veranlagte Menschen erkennen die Schwächen und nutzen diese oft schamlos aus.

Sollten Sie in ihrem Umfeld Menschen haben, bei denen Sie merken, dass sie Ihnen und Ihrer Selbstliebe nicht guttun, dann seien Sie konsequent. Jeder hat mal einen schlechten Tag. Man muss sich auch nicht wegen kleinerer Streitereien trennen. Spüren Sie jedoch, dass sie sich vollkommen aufopfern, und Ihre Gedanken, Gefühle und Emotionen sich nur um andere drehen, haben Sie sich bereits von sich selbst entfernt und laufen Gefahr, die Abwärtsspirale weiter herunterzurutschen. Für Außenstehende ist das oft einfach zu sehen und zu beurteilen. Steckt man selbst drin, spielt alles verrückt. Das Wesentliche wird nicht mehr greifbar. Durch mangelnde Selbstliebe neigt man dazu, die Liebe im Außen zu suchen und kann dadurch in ungewollte Abhängigkeiten geraten. Achten Sie da-rauf!

Reflexionsfragen:

Gibt es Beziehungen in meinem Leben, die toxisch sind? Wenn ja, welche?

_____

_____

_____

_____

_____

_____

Befinde ich mich gegenüber irgendwelchen Personen in einer Co-Abhängigkeit? Wenn ja, gegenüber welchen Personen?

_____

_____

_____

_____

_____

_____

Hilfe! Ich will helfen

In unserer Gesellschaft gilt es als löblich, anderen Menschen zu helfen. Der Nachbar repariert sein Auto, jemand braucht einen Babysitter oder Geld. Eine Bekannte ist pflegebedürftig, krank oder kann selbst nicht mehr einkaufen. Irgendwer möchte abnehmen und ein Weiterer kennt sich damit aus. Es gibt tausende Gründe, die uns dazu bewegen können anderen helfen zu wollen. Doch bereits hier kann eine Vorstufe toxischer Beziehungen oder Co-Abhängigkeiten entstehen.

Viele Menschen helfen gerne, da sie sich unbewusst von sich selbst ablenken möchten. Sie konzentrieren sich auf die Probleme der anderen, damit sie ihre eigenen vergessen können. Sie fühlen sich gebraucht und dadurch wertvoll. Selbstverständlich spricht nichts dagegen jemanden zu unterstützen und nett zu sein. Sobald man sich jedoch darüber definiert, kann es zu einem Helfersyndrom kommen. Man geht voll in der Rolle des Helfers auf und achtet dabei zu wenig auf die eigenen Bedürfnisse.

Ein echtes Selbstwertgefühl entsteht aus sich selbst heraus. Wenn Sie es kompensieren und von außen hinzufügen, wirkt es wie eine Droge. Es ist, als würden Sie eine Tablette nehmen. Der Körper gewöhnt sich daran und schaltet die Eigenproduktion ab. Das ist langfristig gefährlich.

Natürlich sollen Sie niemanden hängen lassen, oder Ihre Hilfe vollkommen verwehren. Die Dosis macht das Gift. Achten Sie darauf, wie wohl Sie sich dabei fühlen, wenn Sie jemandem beim Umzug helfen, ihm Geld leihen oder ihn pflegen. Vergleichen Sie es mit dem Gefühl, welches entstehen würde, wenn Sie es nicht tun würden. Gibt es Ihnen einen kleinen Energieschub und hätten Sie ein Schuldgefühl, wenn Sie es nicht machen würden, werden Sie vermutlich von Ihren Emotionen gesteuert. Prüfen Sie auch, ob die Hilfe auf Gegenseitigkeit beruht oder, dass ein geeigneter Energieausgleich stattfindet.

Als ich vor Jahren die ersten Coachingklienten begleitete, war ich selbst in einer ähnlichen Situation. Ich liebte meinen Job. Auch die Ergebnisse waren grandios. Doch ich nahm zu wenig Geld dafür. Viele Klienten habe ich sogar kostenfrei gecoacht, da sie es sich nicht leisten konnten mich zu bezahlen. Das hatte zur Folge, dass ich anderen half, jedoch selbst schwächer wurde und zu wenig Geld verdiente. Zudem sprach sich rum, dass ich auch kostenfrei arbeitete. Irgendwann erkannte ich das und stellte es um, musste aber praktisch bei „Null" wieder anfangen. Denn von meinen Klienten war niemand bereit mehr zu zahlen. Andere waren nicht mal gewillt überhaupt irgendetwas auszugeben. Als ich alles umstellte, sprachen die Leute über mich. Es hieß, dass ich mir jetzt eine goldene Nase verdienen wollte.

Sehen Sie, wie manche Menschen sich verändern, wenn es um den Energieausgleich geht? Viele wollen hundertprozentige Leistung und nichts dafür entgegenbringen. Das raubt Energie. Man gibt alles und bekommt nur wenig zurück. Heute kommen nur noch Klienten zu mir, die wirklich bereit sind, etwas zu verändern. Sie kennen die Gesetzmäßigkeiten der Energie und sind gewillt, mich dafür zu bezahlen. Und tatsächlich sind es sogar mehr Menschen als früher. Sie wissen meine Arbeit zu schätzen und sind sehr dankbar.

Ich betrachte jede Form von Lebenszeit mittlerweile als extrem wertvoll. Wer das anders sieht, der passt nicht zu mir und hat meine Energie nicht verdient. Das mag für viele Ohren arrogant und überheblich klingen. Doch das ist Selbstliebe und darf Ihnen als Beispiel dienen, Ihre Zeit auch als wertvoll zu betrachten. Ich verbringe meine Zeit nur mit Menschen, die sie zu schätzen wissen. Das sollten Sie auch tun. Wenn Sie sich nicht wertvoll fühlen, ziehen Sie weitere Menschen in Ihr Leben, die Ihnen bestätigen werden, dass Sie wertlos sind. Empfinden Sie sich jedoch als bedeutend und sind voller Selbstliebe, kommen auch diejenigen zu Ihnen, die Sie genau deswegen lieben. Es kann so einfach sein. Seien Sie wertvoll.

Wie wertvoll empfinde ich meine Lebenszeit?

_____

_____

_____

_____

Helfe ich gerne anderen Menschen, um damit mein Selbstwertgefühl zu steigern?

_____

_____

_____

_____

Wo helfe ich anderen Menschen, ohne dass ein geeigneter Energieausgleich stattfindet?

_____

_____

_____

_____

Wenn Selbstliebe zu Egoismus und Narzissmus wird

Viele Menschen setzen Selbstliebe mit Egoismus oder Narzissmus gleich. Dabei sind das völlig unterschiedliche Eigenschaften. Egoisten sind in der Regel nicht sehr empathisch. Selbstliebende Menschen hingegen schon. Aufgrund ihrer tiefen Verbindung zu sich selbst, können sie sich gut in andere hineinfühlen. Ein Egoist nimmt keine Rücksicht, nutzt sein Umfeld aus und sieht primär den eigenen Vorteil. Wer jedoch voller Selbstliebe ist, achtet auch das Wohl der anderen und ist darauf bedacht, dass niemandem ein Schaden entsteht. Sie sind rücksichtsvoll und achtsam.

Sich zu lieben hat auch nichts mit Narzissmus zu tun. Ein Narzisst stellt sich gerne in den Mittelpunkt. Alles muss sich um ihn drehen. Von anderen Menschen hält er nichts, außer sie nutzen ihm etwas. Auch, wenn solche Typen magisch und anziehend wirken können, so ist es oft sehr schwer, mit ihnen auszukommen. Bedürfnisse anderer sind nicht in ihrem Blickfeld. Sie werden angetrieben von einer starken Überlegenheit und dem Drang bewundert zu werden. Sie können sich kaum in andere Menschen einfühlen, reagieren überempfindlich bei Kritik und sind oft unerträglich arrogant.

Wer über ausreichend Selbstliebe verfügt, hat nicht das Bedürfnis sich in den Mittelpunkt zu drängen. Man ist zufrieden und glücklich. Auch außerhalb des Zentrums. Ich sage immer: „Wer seine eigene Mitte nicht gefunden hat, drängt sich in die Mitte der Masse." Natürlich spricht nichts dagegen, sich in den Vordergrund zu stellen, wenn man etwas zu sagen hat, was auch für andere von Bedeutung ist. Selbstliebende Menschen setzen niemanden herab und müssen sich nicht behaupten.

Vor einigen Jahren war ich für ein Unternehmen tätig, indem es einen sehr narzisstischen Abteilungsleiter gab. Er versuchte alles an sich zu reißen. Seine Visitenkarte war voll von Titeln. In seinen Mitarbeitern sah er ahnungslose Handlanger, die aus seiner Brille zu nichts fähig waren. Auf seinem Schreibtisch stapelten sich Akten und Papiere. Er war der Meinung, dass er lieber alles selbst macht, anstatt mittelmäßige Resultate von anderen zu erhalten. Durch seine Vorgehensweise war abzusehen, dass er schnell Probleme bekommen würde. Niemand kann die Arbeit von sechzig Mitarbeitern leisten. So kam es zu Ausfällen, Terminverschiebungen und Unzufriedenheit bei Kunden. Das Spannende war, dass er diese Kritik auf sein Team abwälzte, um sich wieder ins rechte Licht rücken zu können. Für alles, was er verursachte, kam aus seinem Mund in Windeseile eine Erklärung, die nichts mit ihm zu tun hatte. Ich habe selten jemanden kennengelernt, der sich so herausreden konnte. Leider zum Leidwesen seines Umfeldes.

Nimmt man einem Egoisten oder Narzissten die Möglichkeiten zur Geltung zu kommen oder kritisiert ihn, wird er schnell unerträglich. Das liegt daran, dass ihm die wahre Liebe zu sich selbst fehlt.

Reflexionsfragen:

Neige ich selbst manchmal zu egoistischem oder narzisstischem Verhalten? Wenn ja, wann?

_____

_____

_____

_____

_____

Habe ich Menschen in meinem Umfeld, die sich egoistisch oder narzisstisch verhalten? Wenn ja, wer ist das?

_____

_____

_____

_____

_____

Das „Warum" im Leben nicht zu kennen

Tanja war Anfang 40, verheiratet, Mutter von drei Kindern und halbtags berufstätig. Obwohl von außen in ihrem Leben alles zu stimmen scheinte, war sie sehr unzufrieden. Sie fühlte sich wie ein Roboter, der 24 Stunden am Tag funktionieren sollte. Während die Kinder in der Schule waren, ging sie arbeiten. Mittags kamen sie nach Hause. Dafür musste sie kochen. Danach schmiss sie den restlichen Haushalt und landete abends genervt vor dem Fernseher und ließ sich berieseln. Irgendwann kam ihr Mann von der Arbeit und gesellte sich dazu.

So sieht es übrigens in sehr vielen Familien aus. Die Situation lässt sich oft nicht von heute auf morgen verändern. Das ist ein langfristigerer Prozess. Eine Familie benötigt viel Aufmerksamkeit und bei manchen funktioniert das auch wunderbar, obwohl sie jede Menge zu tun haben. Doch wünschen sich gerade Frauen mehr Anerkennung für ihr Tun. Sie möchten nicht, dass es als selbstverständlich angesehen wird. Denn das senkt ihr Selbstwertgefühl. Und da sind wir an dem entscheidenden Punkt. Sie lassen ihr inneres Gefühl von äußeren Umständen beeinflussen. Für die meisten ist das normal. Sie kennen es nicht anders. Sie fühlen sich im Selbstwert nicht bestätigt und dadurch wird es situativ schwächer. Dieses Gefühl nehmen sie mit in den Alltag und ziehen noch mehr davon an. Es ist ein Kreislauf. Um diesen jedoch zu durchbrechen, braucht es eine wichtige Komponente. Und diese befindet sich in einem selbst. Es ist die emotionale und intrinsische Antwort auf die Frage „Warum".

Warum tun Sie, was Sie tun? Liegt es daran, weil Sie es müssen? Macht es sonst keiner? Das ist eine gefährliche Denkweise des Mangels. Oder sind Sie zu 100% begeistert und berührt von dem was Sie tun? Es liegt an der eigenen Betrachtungsweise. Wer sein „Warum" nicht kennt, kann Selbstliebe nur schwer bis gar nicht aufbauen. Selbst, wenn man sich in schwierigen und anstrengenden Situationen befindet und diese nicht ändern kann, ist es dennoch möglich, anders darüber zu denken.

Ich bin beispielsweise in der dunklen Jahreszeit immer gesundheitlich anfällig gewesen. Meine Stimmung wurde sehr düster. Vermutlich habe ich das von meiner Familie so übernommen. Irgendwann viel es mir auf und ich studierte das Thema der Winterdepression. Dabei kommt man auf die fantastischsten Studien und Beiträge. Man liest etwas über das fehlende Vitamin-D3, die grauen Wolken, die veränderte Sauerstoffqualität und viele andere Dinge. Ich bin mir sicher, dass in allem ein bisschen

Wahrheit steckt. Mein Vitamin-D3-Spiegel, war im Winter auch immer unterirdisch schlecht. Dennoch machte ich irgendwann eine ganz besondere Erfahrung.

An einem Wintertag ging ich durch unseren benachbarten Wald im Sauerland spazieren. Es war dunkel, kein Leben an den Bäumen, sehr kalt und trüb. Ich spürte, wie das auf meine Stimmung schlug. Dann stellte ich mir einfach vor, dass überall blühende Blumen waren, der Himmel heller wurde und die Vögel zwitscherten. Zu Beginn fiel mir das nicht leicht. Doch ich spürte, wie sich dadurch meine Stimmung verbesserte. Seit diesem Tag machte ich das den ganzen Winter über und stellte fest, dass dieser trübe und dunkle Blick nur ein Produkt meiner unbewussten Gedanken war. Veränderte ich diese, war es mir möglich glücklicher, entspannter und gelassener zu sein. Das ist einige Jahre her, blieb jedoch bis heute. Ich bin kein Biologe, dennoch finde ich es bemerkenswert, dass sogar mein Vitamin-D3-Spiegel seitdem auf einem Top-Niveau ist, ohne dass ich zusätzliche Präparate einnehmen musste.

Während meiner langjährigen Coachingtätigkeit empfahl ich auch einigen Klienten, diese Gedanken-übung in ihren winterlichen Alltag einzubauen. Sie berichteten von ähnlichen Resultaten. Und das nur durch die Veränderung der Gedanken.

Ich machte dieses Selbstexperiment aus zwei Gründen. Zum einen wollte ich auch in der dunklen Zeit glücklicher und zufriedener sein. Das war aber nicht die Hauptmotivation. Mein großes „Warum" war, dass ich überzeugt davon gewesen bin, dass der Großteil unseres gesamten Lebensglücks mit Gedanken, Gefühlen und Emotionen zusammenhängt. Ich wollte es mir unbedingt wieder beweisen. Diese Gründe brauchen wir in allen Lebensbereichen und bei dem, was wir tun.

Einer meiner früheren Coaches erzählte mir, dass er es als Kind hasste, Geschirr zu spülen. Doch er kam nicht drum herum. Also entwickelte er einen starken Grund, um sich wohl damit zu fühlen. Er stellte sich vor, wie es wäre, wenn er der beste Tellerwäscher auf der ganzen Welt würde. Das spornte ihn an. So baute er Spaß und Freude auf. Dabei kapselte er sich von der Meinung anderer ab und bewertete sich stets selbst.

Wenn wir keine Gründe haben, müssen wir eben welche entwickeln. Dabei ist es wichtig, dass sie möglichst wenig mit dem Außen zu tun haben, sondern vielmehr mit uns selbst.

Tut eine Mutter etwas für ihre Kinder, ist das wundervoll. Doch was ist, wenn sie es nicht wertschätzen? Dann sitzt man wieder in einer emotionalen Falle. Wenn die Mutter es jedoch tut, weil es ihr Ansporn ist zu sehen, dass sich die Sprösslinge gesund ernähren, saubere Klamotten tragen und immer selbständiger werden, fühlt sie sich bedeutender. Vor allem, wenn sie sich dafür selbst wertschätzen kann und es genießt.

Reflexionsfragen:

Was ist mein emotionales „Warum" im Leben?

_____

_____

_____

_____

_____

_____

Welche Dinge tue ich, weil ich glaube, es tun zu müssen? Was kann ich anders machen?

_____

_____

_____

_____

_____

_____

Keine klaren Entscheidungen treffen und Herausforderungen unterschätzen

Wenn Menschen Wünsche, Träume und Ziele haben, ist das grundsätzlich wundervoll. Man schwebt mit seinen Gedanken und stellt sich vor, wie es wäre, wenn sich alles erfüllt. Im Laufe der Jahre machte ich jedoch eine schwerwiegende Entdeckung.

Als ich damals meine Berufsausbildung abschloss, hatte ich ursprünglich den Wunsch im industriellen Qualitätsmanagement erfolgreich zu werden. Mit jugendlichem Leichtsinn glaubte ich, dass es ausreicht, ein paar Ausbildungen zu absolvieren und mich dann hocharbeiten zu können. Dem war jedoch ganz anders. Es gab Menschen, die waren angewidert von meinem Ehrgeiz. Sie wollten mich nicht wachsen sehen. Das war eine extreme Hürde. Lange Zeit ließ ich mich davon nicht beirren. Doch die Gegenstimmen wurden größer und darunter litt ich sehr. Man legte mir Steine in den Weg, versetzte mich in andere Abteilungen und mein Wunsch rückte in weite Ferne. Ich wurde depressiv und krank. Später fand ich heraus, dass mein Zustand gar nichts mit der Tatsache zu tun hatte, dass es immer mehr Herausforderungen und Steine auf meinem Weg gab. Es lag daran, dass ich größere Hürden nicht berücksichtigte. Ich hatte kein Worst Case Szenario. Das sorgte dafür, dass ich begann unbewusst an meinem Traum zu zweifeln.

Wünsche, Träume und Ziele sind fantastisch. Dennoch verbirgt sich auch eine große Gefahr in ihnen, wenn wir sie nicht realisieren, auf halber Strecke stehen bleiben oder nicht bereit sind, Hürden zu nehmen. Dann schwenkt die Energie in uns um. Das Selbstvertrauen sinkt, das Selbstwertgefühl schwindet und es kommt zu einem inneren Kampf. Wir beginnen uns und die Welt nicht mehr zu mögen, leben in einem Mangelzustand und können sogar im schlimmsten Fall daran erkranken.

Es ist also wichtig, dass wir nicht nur Tagträumen und uns ein besseres Leben oder eine glücklichere Welt vorstellen. Wir müssen eine Entscheidung treffen und zeigen, dass wir auch bereit sind, alle Herausforderungen aus dem Weg zu räumen und uns das holen, was wir möchten. Das ist pure Selbstliebe. Doch genau an diesen unerwarteten Hürden scheitern die meisten und gehen einen Schritt zurück.

Reflexionsfragen:

Welche Träume hatte ich bereits in meinem Leben, die ich irgendwann wieder aus dem Auge verloren habe?

_____

_____

_____

_____

_____

_____

Habe ich sämtliche Hürden und Herausforderungen im Blick? Welche sind das?

_____

_____

_____

_____

_____

_____

Bin ich bereit, alle Hürden zu meistern, um meine Träume zu erreichen?

_____

_____

_____

_____

_____

Teil 2 – Das Selbstlieberezept

Hinweis zum Selbstlieberezept

Sie wissen mittlerweile, was Selbstliebe ist, wie sie entsteht und welche Gefahren lauern, wenn Sie zu wenig davon haben. Auch haben sie einen Eindruck erhalten, wo Sie derzeit stehen und was von diesem Standpunkt aus noch alles möglich ist. Im zweiten Teil des Buches möchte ich Sie einladen, das Rezept auszuprobieren, welches mir geholfen hat mehr Leichtigkeit, Energie und Selbstliebe in mein Leben zu bringen. Es ist das Rezept, welches bereits vielen meiner Klienten die Tür zu mehr Lebensglück öffnete. Genießen Sie jeden Schritt.

2.1 Die 5 magischen Gefühle für den Start in die Selbstliebe

Stellen Sie sich einmal vor, dass Sie Tomaten pflanzen möchten. Wenn Sie das auf einem einfachen Steinboden machen, wird Ihnen das möglicherweise nicht gelingen. Steine können den Wurzeln nicht den nötigen Freiraum geben. Sie speichern nicht genügend Wasser, um die Pflanze zu versorgen. Außerdem halten sie nicht die richtigen Nährstoffe bereit, um gesunde Tomaten entstehen zu lassen. Klingt logisch, oder? Wenn Sie stattdessen einen perfekten, weichen und leicht sandigen Boden verwenden, könnte es gleich ganz anders aussehen. Es sind ausreichend Mineralien vorhanden. Der Boden kann genügend Wasser aufnehmen und den

Wurzeln einen geräumigen Platz bieten, um sich zu entfalten. Es braucht also den richtigen Nährboden.

Genauso ist es bei der Selbstliebe. Sie können nicht einfach irgendwelche Strategien oder mentalen Techniken anwenden, in der Hoffnung, dass sie irgendwie funktionieren. In meiner langjährigen Tätigkeit als psychologischer Coach bin ich darauf gestoßen, dass es für eine Veränderung der Lebenseinstellung und der Liebe zu sich selbst ebenfalls einen Nährboden braucht. Dieser besteht aus fünf magischen Gefühlen, über die jeder Mensch verfügt. Wenn diese zusammenkommen und aktiviert werden, öffnet sich das Unterbewusstsein und ist empfänglich für neue Wege. Haben Sie diese Grundlage nicht, dann scheitern selbst die besten Methoden.

Das erste magische Gefühl

Oft funktionieren Dinge nicht, weil wir zu sehr zweifeln. Manchmal an uns, oft aber auch daran, dass Veränderung simpel sein kann. Das Gefühl von Zweifel gibt dem Unterbewusstsein die Botschaft Ihnen selbst oder einer Sache nicht zu vertrauen. Sie blockieren sich damit.

Wenn mich Interessenten für eine Zusammenarbeit anfragen, ist die erste Voraussetzung, dass wir uns gegenseitig vertrauen können. Der Klient muss sich auf meine Arbeit einlassen können und ich muss in seinen Augen sehen können, dass er die Veränderung wirklich will und bereit ist, etwas für die Transformation zu tun. Zweifel darf keinen Platz haben.

Auch Sie müssen das Vertrauen haben, dass es möglich ist und Sie es schaffen werden. Wie Sie das umsetzen, spielt zunächst keine Rolle. Es geht erstmal nur um das vertrauensvolle Gefühl. Denn das entscheidet darüber, ob Ihr Unterbewusstsein empfänglich ist oder sie blockieren wird.

Vor vielen Jahren hatte ich mal einen Coach. Er hatte gute Referenzen. Dennoch war ich skeptisch, ob unsere Zusammenarbeit Früchte tragen könnte. Ich buchte ihn und war im Anschluss völlig enttäuscht, denn meine Probleme wurden nicht weniger. Kennen Sie solche Situationen? Sie zweifeln und Ihr Gefühl gibt Ihnen recht. Fälschlicherweise wird dieses Phänomen häufig als Bauchgefühl, Intuition oder Eingebung betrachtet. Dabei ist es in den meisten Fällen nichts dergleichen. Sie geben ihrem Unterbewusstsein durch Ihre Skepsis den Befehl, dass etwas nicht vertrauensvoll sein soll. Damit verschließt es sich und boykottiert, wie Sie es sich unbewusst gewünscht haben.

Sie brauchen also Vertrauen. Sollten Sie das Gefühl nicht von selbst haben, erzeugen Sie es. Schließen Sie die Augen und stellen sich eine Situation aus ihrem Leben vor, in der Sie vollkommenes Vertrauen spürten. Geben Sie sich diesem Gefühl hin, nehmen es mit in den Alltag und in Ihre transformative Arbeit der Selbstliebe. Es ist der erste Schritt.

Reflexionsfragen:

Was kann ich konkret tun, um mehr Vertrauen zu produzieren?

_____

_____

_____

_____

_____

In welche Situation kann ich mich hineindenken, um das erste magische Gefühl zu produzieren?

_____

_____

_____

_____

_____

Das zweite magische Gefühl

Kennen Sie Situationen in Ihrem Leben, in denen Sie nicht genau wissen, was Sie wirklich wollen? Sie sind verstreut und es fühlt sich an, wie ein großes Chaos. In unserer Gesellschaft sind die meisten Menschen daran gewöhnt darüber zu sprechen, was sie alles nicht möchten. Wenn es jedoch darum geht klar zu äußern und zu beschreiben, wie sie sich eigentlich fühlen möchten, dann wird es oft schwieriger. Und hier liegt das nächste Problem. Wenn wir unserem Unterbewusstsein nicht genau mitteilen können, was wir haben, sein oder fühlen wollen, wird es nicht wahr werden. Das sorgt für Frust. Und dieser wiederum wirkt erneut wie ein Befehl, noch mehr davon zu produzieren. Irgendwie verrückt oder?

Wenn Sie z.B. Angst davor haben, eine Rede zu halten und diese überwinden wollen, können Sie das erst, sobald Sie die Klarheit haben, wie Sie sich eigentlich fühlen möchten. Dieses Gefühl ist gleichzusetzen mit Sicherheit. Diese brauchen Sie, damit Sie sich nicht blockieren. Sie benötigen die absolute Klarheit darüber, was Sie wollen. Sonst laufen alte Programme ab, wie bisher. Verurteilen Sie sich, kommen weiter verachtende Gedanken und Gefühle aus Ihrem Inneren. Fokussieren Sie sich hingegen klar auf das, was Sie tatsächlich spüren möchten, z.B. die Liebe zu sich selbst, entstehen in Ihnen mehr selbstliebende Impulse. Doch dafür müssen Sie diese Klarheit haben. Sie öffnet Ihr Unterbewusstsein noch weiter.

Reflexionsfragen:

Was kann ich konkret tun, um mehr Klarheit zu produzieren?

_____

_____

_____

_____

_____

_____

In welche Situation kann ich mich hineindenken, um das zweite magische Gefühl zu produzieren?

_____

_____

_____

_____

_____

_____

Das dritte magische Gefühl

Alleine das Vertrauen und die Klarheit, was man möchte, bringt noch keine Veränderung. Ich erlebe es häufig, dass Menschen sich Ziele setzen und klare Vorstellungen davon haben, was sie wirklich wollen. Und dennoch werden sie nach kurzer Zeit schwach und kommen wieder vom Weg ab. Eine Ursache liegt im dritten magischen Gefühl. Es ist die Begierde.

Viele Menschen sind emotional nicht ausreichend berührt von ihrem Wunsch. Vielleicht ist er nicht ansprechend genug. Oder sie agieren aus einem Mangel heraus. Es kann viele Gründe haben.

Stellen Sie sich doch mal die Frage, warum Sie sich mehr lieben möchten. Ist es, weil Sie weniger Angst, Frust oder andere schlechte Gefühle spüren wollen? Das wäre ein emotional schwacher und eher negativer Grund. Was aber berührt sie an dem Gedanken der Selbstliebe? Was erzeugt so viel Begierde in Ihnen, dass Sie es kaum erwarten können, endlich loszulegen und einzutauchen? Sie müssen wissen, dass dieses Gefühl wichtig ist, denn ohne einen starken emotionalen Grund, wird es sehr anstrengend. Entfachen Sie daher das Feuer der Begierde.

Reflexionsfragen:

Was kann ich konkret tun, um mehr Begierde zu produzieren?

_____

_____

_____

_____

_____

_____

_____

In welche Situation kann ich mich hineindenken, um das dritte magische Gefühl zu produzieren?

_____

_____

_____

_____

_____

_____

_____

Das vierte magische Gefühl

Immer, wenn wir uns verändern möchten oder Ziele festlegen, ist es erforderlich, sich die bevorstehenden Herausforderungen bewusst zu machen. Jede Transformation erfordert einen bestimmten Weg, den wir gehen müssen. Und immer, wenn wir es am wenigsten erwarten, tauchen Hindernisse auf, die es zu bewältigen gibt, um irgendwann ankommen zu können.

Als ich mich damals aktiv weiterentwickelte und mehr zu mir selbst fand, spürte ich, dass sich gleichzeitig andere Menschen von mir abwandten. Das führte dazu, dass ich einen Verlust spürte. Das riss mich zurück in mein altes Muster. Dabei war das nur eine der möglichen Hürden. Immer, wenn wir etwas erreichen wollen, müssen wir Altes loslassen. Manchmal sind es materielle Dinge. Oft auch Menschen. Einige in meinem Umfeld merkten, wie ich mich veränderte. Sie konnten damit nichts anfangen, fanden mich nicht authentisch oder arrogant. Ich passte nicht mehr in das Bild, welches sie von mir hatten.

Sie können sich jedoch sicher sein, dass es zum Weg gehört, und müssen nur bereit sein, diese Hürde zu nehmen. Auch, wenn es an manchen Stellen schmerzt. Genau darum geht es bei dem vierten magischen Gefühl. Sobald Sie ein Hindernis vor Augen haben, brauchen Sie eine starke Durchsetzungskraft.

Als mir das damals bewusstwurde, fiel es mir nicht einfach. Ich war schüchtern und zurückhaltend. Daher machte ich ein kleines Gedankenspiel und stellte mir vor, wie ich auf einer frisch geteerten Straße ging. Rechts und links die Leitplanken. Es war mein Weg. Und immer wieder tauchten Hindernisse auf. Autos, Fahrräder, große Steine und Baustellen. Ich machte es mir gedanklich zur Aufgabe einfach hindurchzugehen. Jede Hürde, welche sich mir in den Weg stellte, räumte ich weg, kletterte drüber oder ging drum herum. Je mehr Herausforderungen aufkamen, desto mehr schaffte ich sie aus dem Weg. Ich ließ mich nicht aufhalten. In diesem Gedankenspiel trainierte ich mein Unterbewusstsein darauf jedes Hindernis auf dem Weg zum Ziel zu nehmen. Dadurch wurde ich durchsetzungsstärker. Im Inneren wusste ich, dass wenn ich mir etwas vornehme und es wirklich will, dass mich nichts aufhalten würde.

So ist es auch mit der Selbstliebe. Sobald Sie sich entschließen, den Weg dieser Lebenseinstellung zu gehen, brauchen Sie das Gefühl unaufhaltbar zu sein.

Reflexionsfragen:

Was kann ich konkret tun, um mehr Durchsetzungskraft zu produzieren?

_____

_____

_____

_____

_____

_____

_____

In welche Situation kann ich mich hineindenken, um das vierte magische Gefühl zu produzieren?

_____

_____

_____

_____

_____

_____

_____

Das fünfte magische Gefühl

Haben Sie sich schon mal vorgestellt, wie es wohl sein würde, wenn Sie Ihre Wünsche, Träume und Ziele niemals erreichen? Wie würde es sich für Sie anfühlen, wenn Sie die große Liebe zu sich selbst nie erfahren? Schreckliche Gedanken, oder?

Sobald es Ihnen jedoch wirklich wichtig ist, und Sie emotional berührende Gründe haben, werden Sie die Antworten auf die beiden Fragen anekeln. Sie werden eine abweisende Haltung in Ihnen auslösen. Genau das ist wichtig. Ein Gefühl der Ablehnung ist für Ihr Unterbewusstsein, wie eine Entscheidung etwas nicht zu wollen. Und je mehr Sie darüber nachdenken, desto größer wird der Widerstand. Sie stecken damit den letzten Schritt des Rahmens. Der Ekel, bei dem Gedanken daran, Ihre Träume niemals zu erreichen, muss so groß sein, dass Ihr Unterbewusstsein Sie davor schützen will. Damit sichern Sie sich emotional so ab, dass es keinen Weg zurück oder in eine andere Richtung geben wird. Wenn Sie sich hingegen eine Option offenlassen, die es Ihnen ermöglicht, einen Rückzieher zu machen, dann rauben Sie Ihren Träumen die Magie.

Reflexionsfragen:

Was kann ich konkret tun, um mich vor dem Gedanken zu ekeln, meine Wünsche, Träume und Ziele niemals zu erreichen und gleichzeitig mehr Entscheidungskraft aufzubauen?

_____

_____

_____

_____

_____

_____

_____

In welche Situation kann ich mich hineindenken, um das fünfte magische Gefühl zu produzieren?

_____

_____

_____

_____

_____

_____

_____

Die magische Gefühlskombination

Die fünf magischen Gefühle bilden die Grundlage für den Weg in die Selbstliebe. Damit sind Sie noch nicht am Ziel. Vielmehr ist es so, dass Sie damit den perfekten Nährboden erzeugen. So können die kommenden Selbtliebezutaten wachsen. Es ist wie ein Zaubertrank. Sie mischen Vertrauen, Klarheit, Begierde, eine starke Durchsetzungskraft und die Entscheidungskraft gedanklich in einem kleinen Fläschchen. Dann schütteln Sie und trinken es. Damit bereiten Sie alle Systeme auf Transformation vor.

Möglicherweise fragen Sie sich, wie es Ihnen gelingen kann, diesen Zaubertrank anzufertigen und gleichzeitig immer eine ausreichende Menge dabei zu haben.

Setzen Sie sich dafür auf einen Stuhl oder in einen Sessel. Stellen Sie sich eine Lichtkammer vor, die etwas größer ist als Sie. Sie steht in dem Raum, indem Sie sich gerade befinden. So, dass Sie später dort hineingehen können. Schließen Sie nun die Augen und produzieren in sich das Gefühl von Vertrauen. Sollte es nicht gleich funktionieren, erinnern Sie sich an eine Situation, in der Sie dieses Gefühl in einer hohen Intensität schon mal gespürt haben. Wenn Sie es in Ihrem Körper wahrnehmen, projizieren Sie es in die Lichtkammer. Stellen Sie sich vor, wie es aus Ihnen heraus in die Kammer schwebt und dort gespeichert wird. Das gleiche machen Sie nacheinander mit den anderen vier Gefühlen. Beobachten Sie dabei, wie sie sich in der Kammer miteinander vermischen und verschmelzen. Wenn Sie alle fünf Gefühle gespeichert und konserviert haben, stehen Sie auf und stellen sich in die Lichtkammer hinein. Wahrscheinlich werden Sie bereits nach wenigen Sekunden spüren, dass sich in Ihrem Körper etwas verändert. Es tritt eine sehr kraftvolle Gefühlskombination auf. Lassen Sie sich nun von dieser Energie komplett durchfluten. Genießen Sie diesen Zustand.

Es ist die Frequenz von Transformation und Veränderung. Dafür brauchen Sie die fünf Gefühle. Sie bereiten Ihr Unterbewusstsein darauf vor, dass das, was Sie für die Liebe zu sich selbst unternehmen, haften bleibt und Wirkung zeigt. Mit dieser kleinen Übung haben Sie ihre eigene Power Box erstellt, die Sie an jedem Ort für sich nutzen können. Machen Sie es zu einem täglichen Ritual, sich durchfluten zu lassen. Bevor Sie etwas in Richtung Selbstliebe unternehmen oder verändern, laden Sie sich in Ihrer Power Box auf. In einigen Wochen wird Ihr Unterbewusstsein dieses Ritual nicht mehr benötigen, da es ganz automatisch die fünf Gefühle in Ihnen aktivieren wird, sobald Sie eine Entscheidung treffen. Bis dahin nutzen Sie die durchflutende Kraft Ihrer Power Box.

Reflexionsfrage:

Welche Erfahrung habe ich durch die Übung mit der Power Box gemacht?

_____

_____

_____

_____

_____

_____

_____

_____

2.2 Verantwortung übernehmen

ICH
ÜBERNEHME
DIE VOLLE
VERANT-
WORTUNG!

Als ich damals Schwierigkeiten hatte, mich selbst zu finden, war alles und jeder Schuld an dieser Situation. Meine Freundin, der Job, das fehlende Geld und die Politik. Ich sah in mir das Opfer der Umstände und hatte sämtliche Bösewichte identifiziert. Es fehlte nur noch jemand der, mich retten konnte. Damit wäre das Dramadreieck perfekt gewesen.

So ist es natürlich dauerhaft unmöglich, ein selbstbestimmtes und glückliches Leben zu führen. Wir müssen die Verantwortung für uns selbst übernehmen. Das bedeutet, dass wir es in die Hand nehmen alles zu tun, damit es uns gut geht und wir unsere Wünsche, Träume und Ziele erreichen. Es ist erforderlich jegliche Projektionen auf andere aufzugeben und selbst für sich einzustehen.

Ich begann damals mit Persönlichkeitsentwicklungsseminaren, buchte Coachings und Therapien, um meine Vergangenheit loszulassen und herauszufinden, wer ich wirklich war. Ich machte tägliche Achtsamkeitsübungen, stellte mein Leben auf den Kopf und baute mir eine neue Weltanschauung auf. Irgendwann dachte ich darüber nach, was ich gerne noch erreichen und erleben wollte. Dafür legte ich einen konkreten Fahrplan fest und startete mit der Umsetzung. So beschäftigte ich mich eine lange Zeit viel mit mir selbst. Dabei gab es ebenfalls Höhen und Tiefen. Doch es war ein Prozess, der sich gut anfühlte. Jeden Tag fand ich ein Stück mehr heraus, wer ich war. Ich hörte auf anderen die Schuld für meine Herausforderungen zu geben und war somit endlich ehrlich zu mir selbst.

Wenn Sie sich viele Gedanken, um die Umstände in Ihrem Leben machen, ist das ein Zeichen dafür, dass Sie noch mehr Verantwortung übernehmen könnten. Denn ein verantwortungsvoller Mensch denkt nicht zu sehr über alles nach, sondern trifft Entscheidungen und setzt um. Nehmen Sie sich die Zeit, um Verantwortungslücken in Ihrem Leben ausfindig zu machen und zu eliminieren. Wenn Ihnen der Job nicht schmeckt und Ihre Kollegen nerven, ist das Ihre Verantwortung. Haben Sie zu wenig Geld, ist nicht Ihr Chef, das Amt oder irgendein Kunde daran schuld. Sie haben sich dafür entschieden diesen Weg zu gehen. Wenn Sie nicht den Partner haben, den Sie sich wünschen, liegt es an Ihnen, etwas zu ändern.

Vielleicht denken Sie jetzt: „Der hat gut reden. Wenn das mal so einfach wäre." Ich behaupte nicht, dass es leicht ist. Doch wird es schwerer, sobald man die Verantwortung abgibt.

Ich bin mir sicher, dass Sie bereits über ein gutes Verantwortungsbewusstsein verfügen. Sonst würden Sie dieses Buch nicht lesen. Dennoch mögen Sie vielleicht mal prüfen, in welchen Bereichen Sie Ihr Verantwortungsgefühl weiter ausbauen können.

Reflexionsfrage:

In welchen Bereichen kann ich mein Verantwortungsgefühl noch weiter ausbauen?

_____

_____

_____

_____

_____

_____

2.3 Seien Sie sie selbst

Im Abschnitt „Wer bin ich wirklich", haben Sie bereits einige Fragen erhalten, um sich zu reflektieren. Das ist ein erster wichtiger Schritt. Noch entscheidender ist es, danach zu leben. In unserer Gesellschaft neigen die meisten Menschen dazu, eine Fassade aufzubauen. Sie zeigen nicht, wer sie wirklich sind, verheimlichen was sie belastet und verstecken ihre tiefsten Wünsche und Sehnsüchte. Das tun Sie, um sich sicherer zu fühlen. „Wenn man nicht alles preisgibt, dann kann man auch nicht verletzt werden", denken sie. Andere tun das, um mehr Macht zu erlangen. Im Hintergrund geht es jedoch immer um Sicherheit. Doch wie vollkommen ist ein Leben, wenn man sich selbst verliert?

Ich war früher jemand, der sich gut anpassen konnte. Harmonie war einer meiner größten Werte. Da ich schon immer empfänglich für die Emotionen anderer war und diese schnell wahrnehmen konnte, realisierte ich lange Zeit nicht, dass meine Hauptaufgabe darin bestand, Stimmungsschwankungen in meinem Umfeld auszugleichen. Das ist grundsätzlich eine fantastische Gabe. Menschen, die aufgekratzt, gereizt oder aggressiv sind, fahren in meiner Gegenwart vollkommen runter. Sie können sich beruhigen und besinnen. Wer schnell denkt, spricht oder Konzentrationsprobleme hat, stellt in meiner Nähe fest, dass die Gedanken langsamer und ruhiger werden. Kreisende Erinnerungen bleiben stehen und können wunderbar reflektiert werden. Viele Jahre wusste ich das nicht. Darum passte ich mich meinem Umfeld an. Wenn jemand wütend war, wurde ich es auch. War jemand liebevoll, ging ich ebenso in diese Schwingung. Das führte jedoch dazu, dass ich nicht ich selbst war. Ich glaubte, dass das nicht in Ordnung sei. Somit unterdrückte ich meine Fähigkeit, ohne es zu wissen. Irgendwann differenzierte ich genauer, welche die Gefühle meines Gegenübers und welche tatsächlich meine waren. So stellte ich fest, dass ich mich viele Jahre von anderen emotional beeinflussen ließ. Ich verdrängte meine Gedanken, Gefühle und Emotionen, war nicht authentisch und missachtete die eigenen Bedürfnisse.

Als ich das umstellte, wurde mir klar, dass es viel sicherer ist, ich selbst zu sein. So gelang mir der

Sprung zur Selbstfindung. Gleichzeitig konnte ich wahrnehmen, was in anderen vorging. Das war mein absoluter Wendepunkt. Die Maske fiel. Ich musste mich vor niemandem mehr verstecken.

Wenn man Selbstliebe aufbauen möchte, reicht es nicht nur zu wissen, wer man ist, sondern sollte es auch verkörpern. Es ist sicher, man selbst zu sein und sich das auch zu erlauben.

Legen Sie Ihre Verletzlichkeit offen und werden noch authentischer. Dadurch achten Sie automatisch mehr auf Ihre Bedürfnisse. Geben Sie anderen Menschen einen Vertrauensvorschuss. Diese werden Sie dafür bewundern und lieben. Sicherlich werden Sie auch mal von anderen enttäuscht. Wenn Sie jedoch vollkommen bei sich sind und sich gegenüber treu bleiben, ist diese Enttäuschung nur halb so schlimm. Zeigen Sie, wer Sie sind und was Sie fühlen. Sprechen Sie über Ihre Gefühle, ohne sich dabei zu rechtfertigen.

Wenn man von anderen Menschen abgelehnt wird, kann das sehr weh tun. Es ist fast unmöglich Ablehnung zu verhindern. Egal, wer Sie sind, was Sie denken, fühlen und tun, es wird immer Menschen geben, die Sie mögen und welche, die Sie absolut nicht ausstehen können. Darum macht es keinen Sinn, davor wegzulaufen oder sich ein Leben lang zu verstellen, um nicht verletzt zu werden. Wir können jedoch lernen, mit Ablehnung besser umzugehen. Am besten funktioniert das über Empathie. Fühlen Sie sich in den anderen Menschen hinein und versuchen nachzuempfinden, warum dieser Sie ablehnt. Sie werden feststellen, dass es oft nichts mit Ihnen zu tun hat, sondern eher mit dem Ablehnenden selbst. Unzufriedenheit, Angst, andere Weltanschauungen oder prägende Erlebnisse können in Menschen Schutzreflexe auslösen. Sie wollen sich und die Welt vor eine Katastrophe beschützen. Dabei realisieren sie nicht, dass es sich oft nur um unbewusste Gedanken handelt und in Wirklichkeit keine Gefahr besteht. Nehmen Sie es nicht persönlich, sondern als Kompliment. Jemand opfert seine Lebenszeit für Sie.

Vielleicht haben Sie auch mal die sozialen Netzwerke beobachtet. Jemand postet etwas. Die einen lieben es und die anderen zerreißen es. Ich habe mich komplett davon distanziert. Wenn mir etwas gefällt, teile ich das manchmal mit. Mag ich einen Post nicht oder finde ihn abstoßend, schaue ich ihn mir nicht weiter an. Warum sollte man sich die Zeit nehmen, sich öffentlich zu streiten? Zudem verändert man nichts dadurch. Die Fronten verhärten sich und die Meinung des anderen wird verstärkt. Ich bin mir selbst so wichtig, dass ich darauf achte meine Zeit nicht unnötig zu vergeuden.

Wenn Sie abgelehnt werden, dann finden Sie das Positive darin. Nehmen Sie es nicht persönlich, bleiben realistisch und unterscheiden, was zu Ihnen gehört und was zur anderen Person. Haben Sie einen Fehler gemacht, zeigen Sie Größe und gestehen es sich ein. Daraus können Sie lernen. In anderen Fällen gehen Sie auf Distanz. Es betrifft Sie nicht. Seien Sie für sich selbst wertvoll.

Reflexionsfragen:

In welchen Bereichen kann ich noch authentischer sein?

_____

_____

_____

_____

_____

In welchen Bereichen schränke ich mein wahres Selbst noch zu sehr ein?

_____

_____

_____

_____

_____

2.4 Die Vergangenheit aufräumen

Jeder hat in seiner Vergangenheit mal etwas Negatives erlebt. Der eine mehr als der andere. Vieles haben wir selbst verursacht, manches auch nicht. Immer, wenn alte Erinnerungen an negative Gefühle oder Emotionen gebunden sind, verlieren wir Energie, Kraft und Lebensqualität. Oft geschieht das unbewusst. Manchmal werden wir angetriggert und alte Szenen kommen wieder hoch. Diese Funktion hat einen ganz besonderen Sinn und Hintergrund. Unser Unterbewusstsein möchte uns vor der Wiederholung eines solchen Erlebnisses schützen. Daher erinnert es uns wieder daran. Das kann jedoch sehr belastend und schmerzhaft sein.

Meine Mutter starb, als ich elf Jahre alt war. Es war ein ungeheuerlicher Schmerz und eine tiefe Trauer. Sobald ich andere glückliche Familien sah, wurde ich traurig. Sprach mich jemand darauf an, sank meine Energie. Selbst viele Jahre später noch. Doch welchen logischen Sinn sollte das haben? Es war der innere Schutz. So etwas sollte nie wieder geschehen. Aber macht das Sinn? Nein! Unser Unterbewusstsein kann nicht differenzieren. Es unterscheidet nicht, ob wir einen Einfluss haben oder nicht. Daher ist es nicht notwendig, so lange darunter zu leiden. Doch wer weiß das in dem Alter schon?

Erst 15 Jahre später habe ich das Gefühl zu meiner verstorbenen Mutter so transformiert, dass es mir heute ein Lächeln ins Gesicht zaubert, wenn ich an sie denke oder man mich darauf anspricht. Ich bin unendlich dankbar, dass ich sie kennenlernen durfte und ganze elf Jahre mit ihr hatte. Sobald Sie gedanklich auftaucht, spendet sie mir Kraft, Liebe und ein wohlig warmes Gefühl.

Erkennen Sie den Unterschied? So habe ich mit allen Themen aus meiner Vergangenheit aufgeräumt. Ich machte viele Fehler. Dafür habe ich mir verziehen und bin heute dankbar, dass ich daraus lernen durfte. In der Schule wurde ich oft gehänselt, ausgelacht und nach Schulschluss in die Büsche geschubst. Es reicht doch, dass es damals weh tat. Heute bin ich dankbar dafür, zu wissen, wie es sich anfühlt, wenn man abgelehnt wird. Das hat mein

Mitgefühl und meine Empathie anderen gegenüber gestärkt und lehrte mich klare Abgrenzungen zu schaffen.

Ich bin in sehr ärmlichen Verhältnissen aufgewachsen. Das macht mich heute zu einem sehr demütigen Menschen und ich bin dankbar für alles, was wir haben. Ich liebe es, große und teure Autos zu fahren. Doch im selben Moment kann ich die Schönheit eines klapprigen Kleinwagens erkennen und schätzen. Früher waren reiche Menschen für mich unnahbar. Ich hatte teilweise Angst vor ihnen. Als ich das auflöste, wuchs mein eigener Erfolg. Ich kann in einer tausend Quadratmeter Villa glücklich sein, aber auch in einem dreißig Jahre alten Wohnwagen. Denn niemand kann mir nehmen, was in meinem Inneren ist. Doch ich musste erst lernen, dass das nur funktioniert, wenn man mit seiner Vergangenheit einen komplett reinen Tisch gemacht hat. Mit allen Erlebnissen, Menschen und Krisen. So schlimm sie auch gewesen sein mögen. Das erfordert jede Menge Mut. Dafür wird man reich beschenkt.

Damals Schaffte ich mir ein Buch mit leeren Seiten an. Darin habe ich meine ganze Vergangenheit aufgeschrieben. Jede Situation, die mich belastete, jeden Menschen, der mich verletzte, jeden Fehler, für den ich mich schämte. Ich saß manchmal Nächte lang mit diesem Buch im Bett. Oft weinte ich dabei. Ich bin alles nochmal durchgegangen und arbeitete solange daran, bis es sich neutral oder positiv anfühlte. Das dauerte viele Wochen. Heute kann ich sagen: „Es hat sich gelohnt." Ich bin frei von meiner Vergangenheit. Und das mache ich immer noch so. Sobald etwas Negatives passiert, transformiere ich es in kurzer Zeit um. Manchmal braucht es ein paar Tage. Aber spätestens dann gehe ich es an. Es tut gut und ist extrem befreiend.

Natürlich weiß ich nicht, was Sie erlebt haben und ob Sie sich zutrauen, so etwas auch zu machen. Ich kann es Ihnen nur ans Herz legen. In meinem Fall konnte ich eine Menge Themen alleine lösen. An manchen Stellen macht es Sinn sich unterstützen zu lassen. Vielleicht durch einen Therapeuten oder einen guten Coach. Viele meiner Klienten sind genauso systematisch vorgegangen, wie ich und erzielten wundervolle Ergebnisse. Prüfen Sie für sich, wie sehr Sie noch von alten Erlebnissen beeinflusst werden. In den wenigsten Fällen macht es Sinn, negative Emotionen aufrecht zu erhalten. Befreien Sie sich davon. Für das dauerhafte Wohlbefinden eines Menschen ist das sehr wichtig. Legen Sie Ängste und Zweifel ab. Vergeben und verzeihen Sie. Umarmen Sie Ihre Schattenseiten. Geben Sie Ihrem inneren Kind die Kraft, die es damals vielleicht nicht hatte. Es ist ein riesiger Schritt in Richtung Selbstliebe.

Reflexionsfragen:

Welche Themen aus meiner Vergangenheit möchte ich endgültig von negativen Gefühlserinnerungen befreien?

Welchen Menschen kann ich vergeben?

Bei welchen Menschen fällt es mir schwer, zu vergeben? Was kann ich tun, damit es dennoch gelingt?

_____

_____

_____

_____

_____

_____

Welche Fehler habe ich in meinem Leben gemacht, für die ich mir selbst vergeben sollte?

_____

_____

_____

_____

_____

2.5 Fühlen lernen und Gefühle annehmen

Früher wurde ich oft belächelt, wenn ich davon sprach, dass die Menschen wieder mehr fühlen sollten. Gefühle sind ein ganz wichtiger Baustein in unserem Leben. Viele sind sich nicht bewusst, dass dadurch fast alles gelenkt und gesteuert wird. Die meisten Menschen unterdrücken ihre Welt der Empfindungen. Wenn sie sich schlecht fühlen, möchten sie das sofort ändern oder steigern sich weiter hinein. Fühlen sie sich gut, wollen sie es oft mit anderen teilen.

Vielleicht kennen Sie auch Menschen, die einem voller Freude und Begeisterung etwas erzählen wollen. Dadurch schwächen sie automatisch den Strom der eigenen Glückshormone. Das ist eine unbewusste Strategie, da sie starke positive Gefühle nicht aushalten können. Wenn Sie darüber sprechen, schwächt es sich ab. Leider auch gleichzeitig die Hormonausschüttung.

Genauso ist es mit negativen Gefühlen und Emotionen. Oft kommt sofort der Impuls etwas verändern zu müssen. Ganz unbewusst. Dieses Verhalten haben sich viele Menschen angewöhnt. Daher sind sie nicht mehr in der Lage intensiv zu fühlen. Die gute Nachricht ist, dass dies eine ganz normale Gewohnheit ist. Daher können wir sie ändern. Dabei müssen Sie nur zwischen dem Fühlen und dem Hineinsteigern unterscheiden. Beim Fühlen nehmen Sie nur wahr, was gerade an Gefühlsbewegungen in Ihrem Körper ist. Beim Hineinsteigern greifen wir manipulativ ein, verstärken oder schwächen ab. Das wäre nicht gut. Idealerweise schalten Sie alle Gedanken ab und fokussieren sich nur auf Ihren Körper. Das ist ein wichtiger Schritt auf dem Weg zur Selbstliebe.

Durch die Medien und Werbung bekommen wir ein Idealbild von Männern und Frauen. Man zeigt uns, wie man auszusehen hat. Bereits kleine Kinder werden durch Puppen, Figuren und anderes Spielzeug damit konfrontiert. Seitdem es die sozialen Netzwerke und Fotofilter gibt, ist es aus meiner Sicht noch gravierender geworden. Es spricht nichts dagegen, sich schön zu kleiden, Sport zu treiben und mit einem gepflegten Bild nach außen zu treten. Das sollte man sich selbst sogar wert sein. Wer sich jedoch ständig mit anderen vergleicht und das Gefühl hat, bei dem Idealbild nicht mithalten zu können, begeht einen folgenschweren Fehler. Es ist eine unbewusste Selbstablehnung. Es spielt keine Rolle, wie Sie aussehen, welche Nasenform Sie haben, welche Figur oder wie die Haare sitzen. Entwickeln Sie ein selbstliebendes Gefühl zu Ihrem Körper. Lächeln Sie sich im Spiegel an. Ob Sie dabei mehr wiegen, einen Pickel auf der Stirn oder X-Beine haben. Das darf keine Rolle spielen. Sie sind wertvoll.

Ich mache z.B. regelmäßige Körpermeditationen. Sehr gut eignet sich dafür eine innere Reise durch den gesamten Körper und die einzelnen Gefühls-bewegungen. Dadurch kann man wunderbar her-unterfahren und sich fokussieren. Sie können Ihre Gedanken loslassen und lernen Ihren Körper wieder mehr wahrzunehmen. Und zwar so, wie er ist. Als Leserin oder Leser dieses Buches schenke ich Ihnen gerne mein BODY SCAN Audioprogramm. Viele meiner Klienten wenden es bereits regelmäßig an.

Sie können es sich unter folgendem Link herunterladen:

https://www.rd-huelsmeyer.com/selbstliebe-wp

Viel Freude dabei!

Schreiben Sie mir auch gerne eine Nachricht, wie Ihnen das Audioprogramm gefällt und wie gut es geholfen hat. Über diese Mailadresse erreichen Sie mich persönlich:

robert@rd-huelsmeyer.com

Reflexionsfragen:

Was kann ich tun, um noch mehr zu fühlen?

_____

_____

_____

_____

_____

_____

_____

Was kann ich tun, um meinen Körper noch mehr zu lieben?

_____

_____

_____

_____

_____

_____

_____

2.6 Dem Minimalismus Raum schenken

Sie wissen bereits, dass Selbstliebe im Inneren entsteht und nicht durch etwas im Außen. Das bedeutet nicht, dass man sich keine schönen Dinge gönnen kann und darf. Jedoch sollte man sich über die Abhängigkeit zu seinem Materialismus bewusst sein. Wenn jemand ohne ein großes Haus, eine Firma, den teuren Wein nicht glücklich sein kann, ist er sich selbst nicht genug. Man verrennt sich dadurch sehr schnell im Konsum.

Vielleicht kennen Sie auch Menschen, die immer das Neuste und Beste haben müssen. Sie verfolgen jeden Trend und sammeln alte Erinnerungsstücke. Der Keller quillt über. Die Schubladen und Schränke sind voll. An all diese Dinge knüpfen sie Gefühle und Emotionen. Daher können sie sich nicht davon trennen. Überfüllte Dachböden und Keller sind oft ein Spiegelbild unseres inneren Chaos. Man nimmt sich dadurch selbst den Raum zum Leben.

Als wir unser Haus im Sauerland verließen und in ein neues nach Süddeutschland zogen, haben wir vollständig ausgemistet. Wenn Sie das jetzt lesen, glauben Sie vielleicht, wir wären Messies gewesen. Wir haben fast 4 Tonnen alte Sachen verkauft und entsorgt. Darunter Spielzeug, eine Sonnenbank, eine Sauna, Möbel, Kleidung und Gerümpel. Sie können sich nicht vorstellen, wie erleichternd und überschaubar das nachher war. Dabei sah es nie unordentlich oder überfüllt aus. Der Platz war ja da. Dennoch waren Gegenstände darunter, die wir eigentlich nicht brauchten. Zurückblickend hätten wir das viel früher machen sollen. In unserem neuen Haus haben wir auch eine große Fläche. Diese nutzen wir jedoch mehr für das Wesentliche.

In Wirklichkeit brauchen Menschen nicht so viel. Es ist oft eine Illusion, weil wir uns damit scheinbar besser fühlen. Teure Felgen am Auto sind optisch schön. Doch braucht man diese?

Mein angeheirateter Onkel lebt in Australien. Er veranstaltet weltweit Seminare. Damit verdient er gutes Geld und hat einen hohen Bekanntheitsgrad in seinen Kreisen. Das ganze Jahr reist er über den Globus. Dabei begleitet ihn ein kleiner Koffer und eine aufblasbare Luftmatratze. Mehr braucht er nicht. Auch er erkannte irgendwann, dass Besitz belasten kann.

Natürlich müssen Sie jetzt nicht alles wegschmeißen und verkaufen. Doch gehen Sie mal durch Ihre Räumlichkeiten und prüfen bei jedem Teil, warum es noch da ist und wieso Sie sich nicht davon trennen können. Verschenken, verkaufen oder entsorgen Sie alles, was Sie nicht brauchen. Spüren Sie jedoch bei einigen Gegenständen eine emotionale Bindung, fragen Sie sich, wieso Sie sich dieses Gefühl noch nicht selbst geben können. So können Sie daran arbeiten.

Oft benötigen unnötige Dinge sehr viel Pflege oder Aufmerksamkeit. Sie brauchen länger beim Putzen und Aufräumen. Verbringen Sie die Zeit lieber mit einem guten Buch, in der Natur und mit Ihrem Umfeld. Durch etwas mehr Minimalismus können Sie sich auf die Probe stellen und lernen loszulassen. Werden Sie sich selbst wieder genug.

Reflexionsfragen:

Mit welchen Gegenständen verbinde ich noch alte Emotionen?

_____

_____

_____

_____

_____

_____

_____

_____

_____

Welche Gegenstände kann ich entsorgen, um mehr Raum zum Leben zu haben?

_____

_____

_____

_____

_____

_____

_____

_____

2.7 Anderen die Möglichkeit geben, sich zu lieben

Oft erlebe ich Menschen, die sich nach einem glücklicheren und zufriedeneren Leben sehnen. Sie wünschen sich mehr Freiheit, Freiraum und Selbstbestimmtheit. Im gleichen Atemzug wollen sie jedoch über die Zeit und die Aufgaben anderer bestimmen. Das kann unterschiedliche Ursachen haben. Vielleicht, weil sie sich dadurch mehr Lebensglück für sich erhoffen, oder die Macht ihnen ein Gefühl von Stärke gibt. Wir müssen das an dieser Stelle nicht wertend betrachten. Schauen wir uns lieber die Folgen an.

Wenn jemand Selbstliebe für sich beanspruchen will, jedoch anderen das Gleiche nicht zugesteht, wird das scheitern. Es wäre egoistisch und narzisstisch. Nur wer anderen die Freiheit zugesteht, ebenfalls ein glückliches und selbstbestimmtes Leben zu führen, kann die Liebe zu sich selbst in vollem Umfang möglich machen.

Oft sehe ich Partnerschaften, in denen einer dominiert. In der Kindererziehung erlebe ich Eltern, die ihrem Kind die eigenen Erfahrungen nehmen und sie herumkommandieren. In Unternehmen sehe ich herrische Chefs, die ihren Angestellten nicht die Möglichkeit geben, sich zu entfalten. In der Politik begegnen mir Parteien, die Bürgerrechte einschränken wollen, um mehr Macht und Einfluss zu haben.

Es ist schwer, ein finanziell sorgenfreies Leben zu führen, ohne dafür zu arbeiten. Man wird indirekt dazu gezwungen. Sicherlich hat das gesellschaftliche und solidarische Vorteile. Dennoch hat das mit Freiheit nichts zu tun. In vielen Bereichen möchte man, dass andere so funktionieren, damit man es selbst einfacher hat. Ich weiß nicht, wie Sie darüber denken. Mir ist jedenfalls klar, dass wir das alles nicht hätten, wenn mehr Menschen sich selbst genug wären und das, was sie tun aus vollem Herzen käme. Dann gäbe es eine Fülle an Selbstliebe. Wenn wir diese für uns beanspruchen wollen, müssen wir beginnen, auch anderen den Freiraum zu lassen und ihre Individualität zu respektieren. Gerade Kinder werden die ganze Entwicklung über von rechts nach links diktiert, weil sie nicht so funktionieren, wie Eltern, Lehrer oder andere Institutionen es gerne hätten. Dadurch wird ihr Selbstfindungs- und Selbstliebeprozess enorm gestört. Sicherlich braucht es Regeln und vertrauensvolle Vereinbarungen. Doch diese sollten helfen und keine Probleme verursachen. Wenn wir aufhören, anderen reinzureden und sie überzeugen zu wollen, schaffen wir in uns den Raum für mehr Selbstliebe. Man muss Menschen nicht ständig ungefragt korrigieren, nur weil man eine andere innere Erlebniswelt hat. Jeder darf das Recht haben, seine eigenen Erfahrungen machen zu dürfen.

Genauso arbeite ich mit meinen Klienten. Bei vielen Themen weiß ich, wie etwas anders oder besser funktionieren würde. Dennoch sind es nur Angebote und jeder muss für sich entscheiden, ob er diese annimmt oder nicht. Manche machen Ihre Erfahrungen auch lieber selbst. Auch, wenn es länger dauert und scheitern könnte. Man sollte das respektieren. Viele Klienten wünschen sich, dass ich sie etwas unter Druck setze, führe und sie manchmal sprichwörtlich in den Hintern trete. Das mache ich nicht ungefragt. Ich kann es nur anbieten. Andere benötigen einen ruhigen und liebevolleren Weg. So hat jeder seine eigenen und individuellen Vorstellungen, die es zu respektieren gilt.

Wenn Sie anderen den Freiraum und die Selbstliebe gönnen, wird es auch Ihnen besser gelingen, das Gleiche für sich selbst zu realisieren.

Reflexionsfragen:

Welchen Menschen kann ich mehr Möglichkeiten einräumen, sich selbst zu lieben?

_____

_____

_____

_____

_____

_____

An welchen Stellen schränke ich andere Menschen zu sehr ein?

_____

_____

_____

_____

_____

_____

2.8 Dem eigenen Lebensplan folgen

Selbstliebe hat viel damit zu tun, wie sehr Sie sich und Ihren Lebensplan ernst nehmen. Im Abschnitt „Wer bin ich wirklich" haben Sie vielleicht schon die eine oder andere Frage zu Ihren Plänen beantwortet. Nun möchte ich Ihnen mit auf den Weg geben, wie ich begann mein Leben zu strukturieren, um es in die richtigen Bahnen zu lenken. Da es so wunderbar funktionierte, habe ich damals ein eigenes Planungsbuch entworfen, welches Sie sich unter folgendem Link kostenfrei herunterladen dürfen.

https://www.rd-huelsmeyer.com/selbstliebe-wp

Ich begann damals eine Bestandsaufnahme zu machen, um für mich klar zu haben, wo ich stand. Denn ohne Start gibt es auch kein Ziel. Dabei bin ich alle Lebensbereiche durchgegangen und habe mir sechs zentrale Fragen gestellt. Sie können diese direkt für sich beantworten.

Wo stehe ich gerade beruflich?

_____

_____

_____

_____

_____

Wo stehe ich gerade mit meinem Einkommen?

_____

_____

_____

_____

_____

Wo stehe ich gerade gesundheitlich?

_____

_____

_____

_____

_____

Wo stehe ich gerade in den Bereichen Partnerschaft und Familie?

_____

_____

_____

_____

_____

Wie verbringe ich derzeit meine Freizeit?

_____

_____

_____

_____

_____

Wo stehe ich derzeit in meiner persönlichen Entwicklung?

_____

_____

_____

_____

_____

Nachdem ich die Fragen beantwortete, nahm ich mir die Zeit aufzuschreiben, welche Wünsche, Träume und Ziele ich bisher in meinem Leben hatte. Dabei analysierte ich, was ich davon bereits erreicht hatte und was nicht. Das hat mir geholfen mir meinen Bedürfnissen nochmal klarer zu werden und meine Ziele für die Zukunft einfacher formulieren zu können.

In den nächsten Schritten habe ich aufge-schrieben, für was ich in meinem Leben bisher dankbar und auf was ich stolz war. Vielleicht kennen Sie das auch, dass man in dieser schnelllebigen Zeit manchmal sehr unachtsam ist. Dadurch, dass ich mir die Zeit nahm und alles aufschrieb, steigerte ich mein Selbstwertgefühl und Selbstvertrauen. Genau das war auch wichtig für die folgende Planung.

Ich legte nämlich dann meine 10-Jahresziele in allen Lebensbereichen fest. Wenn ich davon erzähle, schauen mich die Menschen oft sehr verdutzt an und sagen mir, wie wichtig doch das Leben im „Hier und Jetzt" ist. Das sehe ich genauso. Denn an dieser Stelle lassen sich die Steine aufeinandersetzen, für das Leben, welches man leben möchte. Dafür braucht man einen genauen Plan, um sich in der Gegenwart nicht zu verliert und von falschen Emotionen leitet zu lassen.

Mit der Definition Ihrer Ziele und Ergebnisse, die Sie in 10 Jahren erreicht haben wollen, stellen sie Ihr inneres Navigationssystem auf den richtigen Kurs ein. Es ist sehr wichtig, ein ausbalanciertes Leben zu führen. Daher sind Ziele in sämtlichen Lebensbereichen so essentiell. Sie sind die Grundlage für Ihre zukünftigen Aufgaben. Sie helfen Ihnen besser zu differenzieren, welche Aktivitäten Sie durchführen sollten und welche nicht.

Als ich meine 10-Jahres-Ziele definiert hatte, erstellte ich ein Visualisierungsboard. Da unser Gehirn in Bildern denkt und diese Emotionen verursachen, konnte ich mich auf Erfolg programmieren. Ich klebte Fotos von meinen Zielen auf und beschriftete sie. So konnte ich mich jeden Tag daran erinnern, wofür ich in diesem Leben angetreten bin.

Im Folgenden machte ich mir Gedanken über meine Jahresziele. Ich kannte meine 10-Jahres-Ziele und brach sie nun auf die einzelnen Jahre herunter. So legte ich fest, wo ich wann stehen wollte. Zu dem aktuell laufenden Jahr habe ich ebenfalls ein Visualisierungsboard angefertigt.

Dann bin ich in die konkrete Planung der einzelnen Monate eingestiegen und habe für das laufende Jahr festgelegt, was ich in welchem Monat erreichen wollte, um mein Jahresziel zu realisieren.

Das war die Grundlage für die tägliche Planung meiner ToDo´s. So konnte ich immer genau priorisieren, was mich den großen Zielen näher brachte und was eher sekundär war.

In Summe klingt das erstmal viel und unsexy. Wenn Sie sich jedoch genügend Freiraum für Spontanität lassen und das alles nicht zu verbissen sehen, macht es richtig Spaß. Mir ging es nie darum, meine Ziele stets zu 100% zu erreichen. Viel entscheidender war für mich, dass die Richtung stimmte. Die meisten Ziele erreichte ich. Auch setzte ich in manchen Krisensituationen mal kurzfristig andere Prioritäten. Dennoch habe ich mich nicht von meiner Richtung abbringen lassen.

Selbstliebe bedeutet, sich und seinen Lebensplan wichtig zu nehmen. Sie haben nur das eine Leben. Es zu verschenken und nicht das zu erleben, was Sie möchten, wäre zu schade.

Teil 3 - Der goldene Methodenkoffer

Hinweis zum Methodenkoffer

Damit Sie für sämtliche mentale Hürden und Herausforderungen gewappnet sind, erhalten Sie nun einen gefüllten Methodenkoffer. Die folgenden Techniken können Ihnen helfen, sich so umzuprogrammieren, dass Sie Gedanken, Gefühle und Emotionen in Zukunft nicht mehr belasten. Mit diesen Tools gehen Sie den Weg weiter in Richtung Selbstliebe.

3.1 Breaking limiting beliefs

Manchmal haben wir Glaubenssätze oder innere Überzeugungen, die uns daran hindern glücklich zu sein. In solchen Fällen macht es Sinn, diese ausfindig zu machen, aufzulösen und gegen förderlichere Gedanken auszutauschen. Glaubenssätze entstehen durch Prägungen aus der Kindheit, übernommene Lebensweisheiten, Überzeugungen, durch autoritäre Personen, auferlegte Regeln und eigene Er- fahrungen. Sie werden von Argumenten und Begründungen gestützt. Ihre Kraft verlieren sie, wenn sie ausgehebelt werden. Mit den folgenden 7 Schritten der Methode „Breaking limiting beliefs" können Sie genau das tun. Wir gehen nun gemeinsam die einzelnen Schritte mit ein paar Beispielen durch.

Schritt 1:

Finden Sie heraus, welche Argumente Ihren bisherigen Glaubenssatz stützen.

Prägung:

Als Kind hat man mir gesagt, dass kleine Kinder nichts zu melden haben!

Lebensweisheit:

Wenn erwachsene sich unterhalten, haben kleine Kinder den Mund zu halten.

Überzeugungen durch Autoritäten:

Du wirst es niemals zu etwas bringen.

Weitergegebene Regeln:

Menschen können sich nicht ändern. Entweder kannst Du es oder Du kannst es nicht.

Erfahrungen:

Ich habe es schon ein paar Mal ausprobiert und bin gescheitert. Ich habe Angst wieder zu scheitern. In der Schule hat man mich ausgelacht.

Schritt 2:

Finden Sie Begründungen, warum diese Argumente unwahr sind. Beantworten Sie dafür folgende drei Fragen.

1. Ist das zutreffend?
2. Ist das immer und zu 100% zutreffend?
3. Gibt es Ausnahmen bei mir oder bei anderen Menschen?

Schritt 3:

Kehren Sie den negativen Glaubenssatz um und finden die Wahrheit in der Umkehrung.

Glaubenssatz: Ich kann nicht vor anderen Menschen reden, weil ich Angst vor Ablehnung habe!

- *Andere Menschen können nicht vor mir reden, weil sie Angst vor Ablehnung haben.*

- *Ich habe Angst vor Ablehnung, weil ich nicht vor anderen Menschen reden kann.*

- *Ich will vor anderen Menschen reden können, damit sie keine Angst mehr vor Ablehnung haben!*

- *Ich habe keine Angst vor Ablehnung, weil ich vor anderen Menschen reden kann.*

- *Ich kann vor anderen Menschen reden, weil ich Angst vor Ablehnung habe.*

- *Andere Menschen können vor mir reden, weil sie Angst vor Ablehnung haben.*

- *Andere Menschen haben Angst vor Ablehnung, weil sie nicht vor mir reden können.*

Schritt 4:

Definieren Sie einen neuen förderlichen Glaubenssatz.

- *Ich kann immer besser und besser vor anderen Menschen reden.*
- *Immer, wenn ich souverän vor anderen Menschen rede, dann fühle ich mich grandios.*

Schritt 5:

Finden Sie kraftvolle Argumente, Begründungen und Beispiele, die den neuen Glaubenssatz stützen.

- *Ich habe es schon ein paar Mal ausprobiert und bin immer etwas besser geworden.*
- *Es gibt Menschen, die es bereits geschafft haben, obwohl ihre Voraussetzungen noch schlechter waren.*

- *Ich habe schon mal eine Situation erlebt, in der ich dachte etwas nicht zu schaffen und dann hat es doch funktioniert.*
- *Ich kenne die Macht der Wiederholung und weiß, dass ich es schaffen werde.*
- *Wenn andere Menschen nicht an mich glauben, gibt mir das noch mehr Kraft.*

Schritt 6:

Finden Sie im Alltag weitere kraftvolle Argumente, Begründungen und Bestätigungen für Ihren neuen Glaubenssatz.

1. Halten Sie Ihre Augen und Ohren offen, um mehr Beweise für Ihren neuen Glaubenssatz zu finden!
2. Üben, trainieren und finden Sie weitere Beweise, dass Ihr neuer Glaubenssatz wahr ist.

Schritt 7:

Rezitieren Sie täglich Ihren neuen Glaubenssatz zwischen 10 – 100x vor dem Spiegel.

1. Stellen Sie sich täglich mehrmals vor einen Spiegel.
2. Schauen Sie sich tief in die Augen.
3. Sprechen Sie Ihren neuen Glaubenssatz mit voller Kraft und Überzeugung 10 – 100x aus.

Reflexionsfrage:

Welche Erfahrung habe ich mit dieser Methode gemacht?

_____

_____

_____

_____

_____

_____

3.2 Moments of Acceptance

Viele Menschen können sich von vergangenen Gedanken, Gefühlen, Emotionen und Verhaltensweisen nicht direkt trennen und lösen. Sie können nicht akzeptieren, dass Situationen so sind, wie sie sind. Dadurch bauen sie einen Widerstand auf. Das führt zu weiteren negativen Gedanken. Sobald wir jedoch Tatsachen so annehmen können, wie sie sind, lösen sich innere Konflikte auf. Dafür müssen Sie Ihre Meinung nicht verändern und alles wild hinnehmen, sondern Momente so akzeptieren, wie sie sind. Das verursacht im Körper ein deutlich entspannteres Gefühl. Damit können Sie Ihre Zukunft besser formen als mit Druck, Scham, Schuld oder Wut. Etwas nicht anzunehmen, obwohl es so ist wie es ist, bedeutet Stress, inneres Ungleichgewicht und ist ein Kampf, den man nicht gewinnen kann.

Andrea kam 2014 zu mir. Sie war eine angesehene Tanzlehrerin. Wie viele Menschen hatte Sie Schwierigkeiten, wenn andere sie kritisierten. So häufig kam das nicht vor. Dennoch fühlte Sie sich absolut unwohl damit. Sie erzählte mir, dass Ihre Mutter sie manchmal dafür kritisierte, dass sie nicht die Firma des Vaters übernehmen wollte. Diese Gespräche eskalierten schnell. Andrea spürte regelrecht, wie Ihr Blutdruck anstieg, sobald Ihre Mutter dieses Thema ansprach. Sie fühlte sich bevormundet und nicht ernstgenommen.

Mit „Moments of Acceptance" konnte ich in einem Gedankenspiel ihr Muster durchbrechen. Ich bat Andrea sich nochmal in eine Situation mit ihrer Mutter reinzudenken, sodass sie wieder dieses unangenehme Gefühl spürte. Sie schloss die Augen und erinnerte sich. Dann fragte ich sie: „Andrea, was ist eigentlich Dein oberstes Ziel, welches Deine Mutter in diesem Moment zerstörte?" Sie antwortete, dass sie von Ihrer Mutter geliebt, respektiert und unterstützt werden möchte, indem was sie tut. Ich bat sie sich in die Situation zu versetzten, wie es wäre, wenn sie dieses Ziel gar nicht hätte. Andrea wurde ruhig. Sie begann zu lächeln und akzeptierte die Situation. Danach bat ich sie, sich kurz vorzustellen, dass die Vorwürfe der verzweifelte Versuch ihrer Mutter seien, ihr Respekt und Liebe zu zeigen. Nur halt auf ihre Art. Andrea wurde noch ruhiger. Ich meine sogar eine kleine Träne gesehen zu haben. Sie sagte mir, dass sie in diesem Moment pure Dankbarkeit spürte.

Das ist der Trick an der Sache. Wir fühlen uns missverstanden und aufgewühlt, weil wir ein unbewusstes Ziel haben und die Erreichung in Gefahr ist. Wenn wir dieses jedoch für einen Moment gedanklich verändern, stellt sich das Gefühl von Akzeptanz und Dankbarkeit ein. Und mit diesem Zustand sind Sie in einer deutlich besseren Frequenz. Dann können Sie wieder zu ihrem alten oder einem ganz anderen Ziel gehen und es verwirklichen. Sie überlisten somit für einen Moment Ihr Unterbewusstsein. Wenn Sie das mehrfach wiederholen, werden Sie automatisch ruhig und gelassen, während andere wettern und toben. Ihre entspannte Wirkung wird ebenso ihr Umfeld beruhigen und Sie haben stets die Oberhand.

Dafür brauchen Sie nur zwei Fragen:

1. Was ist mein oberstes Ziel?
2. Wie würde es sich anfühlen, wenn ich dieses Ziel nicht hätte?

Reflexionsfrage:

Welche Erfahrung habe ich mit dieser Methode gemacht?

_____

_____

_____

_____

_____

_____

3.3 Right decisions

Ein Mensch trifft im Durchschnitt 20.000 Entscheidungen pro Tag. Was viele nicht wissen ist, dass es eine große Rolle spielt, mit welchem Gefühl man sie trifft.

Als ich mich damals selbständig machte, war ich vollkommen begeistert von der Idee. Ich wollte Europa bereisen und auf großen Bühnen meine Vorträge halten. Selten war ich so motiviert. Im Laufe der Zeit stellte ich jedoch fest, dass die Begeisterung nachließ. Es wurde anstrengend, oft sogar sehr nervig.

Vielleicht kennen Sie solche Situationen auch. Sie treffen eine Entscheidung, sind dabei Feuer und Flamme, nur auf dem Weg der Umsetzung ändert sich alles. Es handelt sich dabei um einen ganz normalen Prozess. Genauso kann es umgekehrt sein, dass Sie sich sehr unwohl und unter Druck gesetzt fühlen, während Sie z.B. von jemandem etwas kaufen. Wir entscheiden immer mit einem Gefühl.

Im Laufe der Jahre habe ich herausgefunden, dass ich die besten Entscheidungen mit einem neutralen Gefühl treffe. Nicht zu enthusiastisch und nicht mit Stress. Bei anderen konnte ich beobachten, dass sie das Feuer der Begeisterung brauchen, während manche die besten Deals unter Druck abschlossen. So hat jeder Mensch sein eigenes und optimales Entscheidungsgefühl.

Machen Sie sich bewusst, mit welchem Gefühl Sie die besten Entscheidungen treffen und sorgen dafür, dass Sie dieses auch auf dem Umsetzungsweg immer wieder aktivieren. Dadurch lernen Sie strukturiert Ihren eigenen Entschlüssen noch besser zu vertrauen.

Reflexionsfragen:

Mit welchem Gefühl treffe ich die besten Entscheidungen?

_____

_____

_____

_____

_____

_____

Welche Erfahrung habe ich mit dieser Methode gemacht?

_____

_____

_____

_____

_____

_____

3.4 Inner Voice Control

Ihre innere Stimme repräsentiert die Inhalte Ihres Unterbewusstseins und somit die Erinnerung an Ihre Vergangenheit. Sie kann in vielen Situationen sehr laut und unangenehm werden. Mit dieser Technik wirken Sie so auf die innere Stimme ein, dass sie unschädlich und sogar förderlich wird.

Bei der Kommunikation mit uns selbst müssen wir sehr feinfühlig vorgehen, damit wir eine gute Beziehung zu uns aufbauen. Da die innere Stimme ein Konstrukt des Unterbewusstseins ist, hat sie deutlich mehr Kapazität, als unser Bewusstsein. Um auf sie einwirken zu können brauchen wir diplomatische Kommunikations- und Einfühlungswerkzeuge. Ebenso sollten wir lernen hinzuhören. Je souveräner Sie in den 6 Schritten dieser Methode werden, desto mehr Selbstvertrauen und innere Sicherheit entwickelt sich.

Schritt 1:

Stellen Sie zwei Stühle im Abstand von 2 Metern voreinander. Setzen Sie sich auf einen der beiden Stühle und wählen ein Thema, welches Sie belastet. Stellen Sie sich vor, dass Ihre innere Stimme ein Wesen ist, welches auf dem anderen Stuhl sitzt. Fragen Sie das Wesen:

1. Was erwartest Du von mir?
2. Wie fühlst Du Dich, wenn Du erreicht hast, was Du erreichen möchtest?

Schritt 2:

Setzen Sie sich nun auf den Stuhl, auf dem das Wesen, also Ihre innere Stimme sitzt. Werden Sie nun zu diesem Wesen. Meine Klienten berichten häufig, dass sie sofort andere Gefühle wahrnehmen.

Schritt 3:

Sprechen Sie die Antworten auf die beiden Fragen aus. Überlegen Sie dabei nicht, sondern lassen Sie sich von dem Gefühl leiten, welches sie in diesem Moment wahrnehmen.

Schritt 4:

Fokussieren Sie sich auf das Gefühl, welches Sie in der Antwort auf Frage 2 benannt haben. Machen Sie sich dieses Gefühl bewusst. Manchmal ist es Macht, Wut, verbunden oder fröhlich zu sein. Es können auch andere Gefühle sein.

Schritt 5:

Setzen Sie sich wieder auf Ihren Stuhl. Spüren Sie auch hier die Veränderung, die möglicherweise sofort eintritt. Schauen Sie das Wesen ihrer inneren Stimme an und werden sich nochmal bewusst, was es wirklich braucht. Hinter all den bösen, negativen und destruktiven Gedanken steckt nämlich oftmals der Wunsch aus der Antwort auf Frage 2.

Schritt 6:

Erinnern Sie sich an eine Situation aus Ihrem Leben, in der sie genau dieses Gefühl, welches sich Ihre innere Stimme so sehr wünscht, schon mal erlebt haben. Produzieren Sie damit diese Empfindung in Ihrem Körper. Stellen Sie sich dann vor, wie Sie dem Wesen gegenüber genau dieses Gefühl senden. Schauen Sie, wie es sich verändert und was diese Veränderung in Ihnen auslöst.

Wiederholen Sie die 6 Schritte täglich über einen Zeitraum von 7 Tagen. Gerne auch mit anderen Themen oder Personen, in denen Ihre innere Stimme Sie bisher wahnsinnig gemacht hat.

Reflexionsfrage:

Welche Erfahrung habe ich mit dieser Methode gemacht?

_____

_____

_____

_____

_____

_____

3.5 Modelling of Excellence

Wer ein Sternekoch werden will, beginnt in der Regel eine Ausbildung bei einem anderen Sternekoch. Im ersten Jahr hat er es oft nur mit Obst, Gemüse und Salaten zu tun. Dadurch lernt er die Beschaffenheit kennen, den Geschmack, die Zubereitung und vieles mehr. Im zweiten Jahr kommen die Saucen, im dritten die Beilagen, im vierten das Fleisch und im fünften Jahr die Desserts dazu. Anschließend lernt er noch einige Jahre bei anderen Sterneköchen. Irgendwann ist er selbst ein angesehener und guter Koch. Dann beginnt er zu experimentieren und seine eigenen, neuen Erfahrungen zu machen. Er individualisiert sein Wissen und macht etwas Eigenes daraus. Im Laufe der Jahre hat er erfolgreiches Verhalten erkannt, es nachgeahmt und individuell modifiziert. Das ist „Modelling of Excellence".

Wenn Sie sich mehr Selbstvertrauen, Selbstwert oder Selbstliebe wünschen, umgeben Sie sich mit Menschen, die genau das bereits erreicht haben. Schauen Sie sich ab, was sie tun, wie sie handeln und entscheiden. Dann ahmen sie es ihnen nach. Wenn Sie darin sicher sind, beginnen Sie das Verhalten so zu modifizieren, dass es exakt zu Ihnen passt.

Ich erlebe immer wieder Menschen, die modifizieren bereits, bevor sie sich das erfolgreiche Verhalten anderer angeeignet haben. Das führt oft zu fatalen Fehlern. Das liegt daran, dass sie es aus ihrem alten Gedankengut heraus machen. Nehmen Sie sich die Zeit, um zu lernen und nachzuahmen. Erst dann beginnen Sie mit der Individualisierung.

Reflexionsfrage:

Welche Erfahrung habe ich mit dieser Methode gemacht?

_____

_____

_____

_____

_____

_____

3.6 Change the Self-Image

Das Selbstbild ist ein Phänomen. Es ist das Bild, welches wir von uns selbst haben. Den meisten Menschen ist ihr Selbstbild nicht bewusst. Andere verstricken sich in einer Illusion und versuchen etwas zu sein, was nicht ihrem Wesen entspricht. Das tun sie, weil sie es so gelernt haben. Interessant ist, dass das Selbstbild situativ variiert, aber auch Gefühle, Ängste sowie Emotionen steuert. Gelingt es uns, das Selbstbild in schwierigen Momenten anzupassen, verändern sich ebenso die Situationen und Erlebnisse.

Im Jahre 2008 bekam ich durch den Wechsel meines Arbeitgebers einen neuen Chef. Er hatte klare Zielvorstellungen und war sehr streng. In den ersten Monaten habe ich mich eingeschüchtert gefühlt. Ebenso hatte ich Angst meinen Job wieder zu verlieren. In seiner Gegenwart fühlte ich mich unterlegen und klein. Dann kam ich irgendwann dahinter, dass es nicht mit meinem Chef zusammenhing, warum ich so fühlte, sondern damit wie ich mich selbst sah. So stellte ich mir sämtliche Situationen mit meinem damaligen Chef vor und veränderte sie im Kopf so, dass ich viel selbstbewusster und selbstsicherer wurde. Ich ließ ihn gedanklich kleiner werden, verpasste ihm eine andere Stimme, während ich mich größer machte und meine eigene Stimme noch tiefer und männlicher wurde. Ich spürte eine absolute Überlegenheit. Immer wenn ich ihm fortan begegnete, fühlte ich mich dominierend, selbstsicher und stark. Schwierige Situationen veränderte ich sofort. Der größte Gewinn war, dass ich mein Stärkegefühl nicht ausgenutzt habe, um ihn in Gesprächen klein zu machen. Ich hatte weiterhin den nötigen Respekt vor seiner Position, wusste aber, dass ich ihm in jeder Hinsicht überlegen war. Das sorgte dafür, dass auch meine Ergebnisse in der Firma immer besser wurden.

Um Ihr eigenes Selbstbild anders wahrzunehmen gibt es einige Möglichkeiten, die Sie verwenden können, um sich besser zu fühlen.

- Sie verändern sich selbst in der gedanklichen Szene.
- Sie verändern andere Personen in der gedanklichen Szene.
- Sie verändern die inneren Bilder im Abstand oder Verhältnis zueinander.

Wichtig ist, zu wissen, dass wenn man sich schwächer fühlt, als man seinen Gegenüber sieht, schlüpft man unbewusst oft in dessen Rolle. Das führt dazu, dass man sich vergleicht, fremdgesteuert wird, sich selbst verliert und nur den Fokus darauf hat, was andere von einem erwarten. Oder man spult alte Programme ab. Das Selbstbild ist ausschlaggebend, ob wir uns unterordnen, oder nicht, daher sollten wir es so formen, dass wir uns gut fühlen.

Beispiele zur Veränderung:
Farben, Formen, Lautstärke, Helligkeit, Geschwindigkeit, Kleidung, die Größe und Position des Selbstbildes, die Größe und Position der anderen Person, Geruch, Geschmack

Gerd war ein erfolgreicher Unternehmer. Er kam zu mir, da er ein sehr gespaltenes Verhältnis zu seiner Mutter hatte. Sie war bereits seit mehreren Jahren verstorben. Dennoch verspürte er Ärger, Hass und Unruhe, wenn er an sie dachte. Ich bat ihn, sich eine vergangene Szene mit ihr nochmal vorzustellen und sich mit vollem Gefühl hineinzudenken. Es brodelte in ihm. Dann sollte er sich die Situation ein weiteres Mal vorstellen, jedoch ohne Farben. Einfach in einem Schwarz-Weiß-Kontrast. Er begann zu grinsen. Ich bat ihn, sich vorzustellen, dass das Bild nun wackelt. Er war irritiert. Wir stellten das Bild auf den Kopf und machten es klein wie eine Briefmarke. Wir ließen die Szene schnell rückwärtslaufen und nochmal vorwärts. Dann wiederholten wir diesen

Ablauf noch zweimal. Im Anschluss stellte er sich die Situation wieder so vor, wie sie tatsächlich war. Gerd musste laut anfangen, zu lachen und fragte mich: „Was war das denn?" Wir wiederholten die Übung mit weiteren Erlebnissen, bis seine Erinnerung von seinen alten Emotionen abgekoppelt war. Das machten wir alles innerhalb von einer Sitzung. Nach einigen Wochen berichtete er mir voller Dankbarkeit, dass er seitdem gerne an seine Mutter zurückdachte und der ganze Groll verschwunden war.

Genau das passiert auch mit anderen inneren Bildern. Ebenso mit dem Selbstbild, wenn wir es auf diese Art und Weise verändern. Das Beispiel mit Gerd ist nur eine Möglichkeit. Sie können kreativ sein. Das, was Ihnen hilft, gewinnt.

Reflexionsfrage:

Welche Erfahrung habe ich mit dieser Methode gemacht?

_____

_____

_____

_____

_____

3.7 Reflection in bed

Die Zeit vor dem Schlafgehen ist besonders wichtig für unsere psychische Gesundheit. Es macht einen enormen Unterschied, ob Sie gut oder schlecht gelaunt ins Bett gehen. Denn dieser Zustand wird im Unterbewusstsein noch stärker verarbeitet als alle anderen, die Sie tagsüber erleben.

Ich habe es mir irgendwann angewöhnt circa 15-20 Minuten vor der Nachtruhe im Bett den Tag zu reflektieren. Ich erinnere mich jeden Abend daran, was an diesem Tag besonders schön war, was mich stolz und dankbar macht. Diese Szenen gehe ich gedanklich nochmal durch und genieße sie, damit sie sich in meinem Unterbewusstsein festigen. Die fünf besten Ereignisse schreibe ich mir in mein Planungsbuch und lege es dann auf den Nachttisch. Als ich damals damit begann, wusste ich noch nicht genau, ob das wirklich etwas bringt. Doch bereits nach wenigen Wochen stellte ich fest, dass ich viel selbstsicherer, mutiger und energiegeladener wurde.

Wenn Sie das selbst mal für drei Monate machen, werden Sie feststellen, welchen fantastischen Effekt das hat. Nehmen Sie einfach das Planungsbuch, welches Sie sich kostenfrei downloaden können oder eine leere Kladde und reflektieren Sie jeden Abend über die positiven Ereignisse des Tages. Am Anfang kann es etwas schwieriger sein, da man vielleicht noch einen anderen Fokus hat. Es müssen keine grandiosen Wunder sein, die Sie sich in Erinnerung rufen. Manchmal reichen kleine Dinge. Das leckere Essen, ein angenehmer Blick an der Kasse im Supermarkt, dass das Finanzamt 3,67 Euro zurücküberwiesen hat oder dass Sie ein paar Seiten in diesem Buch gelesen haben.

Machen Sie es sich leicht abends glücklich einzuschlafen.

Reflexionsfrage:

Welche Erfahrung habe ich mit dieser Methode gemacht?

_____

_____

_____

_____

_____

_____

3.8 Observe your Emotions

Wir leben in einer Gesellschaft, in der die meisten Menschen gelernt haben ihren Gefühlen und Emotionen nicht zu viel Raum zu geben. Das hat tatsächlich Vorteile. Aber auch Nachteile. Wir sind zwar rational und analytisch eine starke Gesellschaft, auf der Gefühlsseite jedoch unterentwickelt.

Die Technik „Observe your Emotions" hilft Ihnen dabei, sich daran zu gewöhnen, wieder mehr zu fühlen. Mit etwas entspannter Disziplin erhalten Sie die Kontrolle über Ihre Gefühlswelt zurück. Gerade bei negativen Gefühlen wirkt diese simple Technik oft wundervoll. Sobald wir Gefühle nicht mehr bewerten, sondern nur beobachten, verändern sie sich und wandern durch den Körper. Das hängt damit zusammen, dass Bewertungen etwas mit unserer Identität zu tun haben. Diese hingegen ist mit dem Emotionszentrum verbunden. Wenn wir jedoch die Bewertung weglassen und nur wahrnehmen, verändern sich die Gefühle im Körper. Durch die reine Beobachtung haben Sie einen emotionalen Abstand. Genau das können Sie jetzt mal ausprobieren.

Ablauf:

1. Fokussieren Sie sich auf Ihren aktuellen Gefühlszustand, ohne das Gefühl zu bewerten oder zu erforschen.

2. Nach wenigen Sekunden werden Sie feststellen, dass sich das Gefühl verändert und im Körper bewegt.

3. Beobachten Sie diese Gefühlsreise solange, bis sich ein positives Gefühl einstellt. Genießen Sie es dann.

Wenn Sie in diesem Ablauf fit sind, können Sie auch mal bewusst einen ängstlichen Zustand aus der Erinnerung hervorholen und diesen durchlaufen.

Wenn Sie alles richtig machen, werden Sie feststellen, dass Sie außer zu beobachten nichts tun müssen, um Ängste zu verwandeln.

Reflexionsfrage:

Welche Erfahrung habe ich mit dieser Methode gemacht?

_____

_____

_____

_____

_____

_____

3.9 Feel gratitude

Die meisten glücklichen und zufriedenen Menschen haben eine Sache gemeinsam. Sie sind dankbar. So simpel und einfach das auch klingt. Je öfter jemand echte Dankbarkeit verspürt, desto mehr Glückshormone werden ausgeschüttet. Das hat zur Folge, dass man sich leichter lieben kann, bessere Beziehungen führt, den Stress senkt, Depressionen vermeidet und viel geduldiger wird.

In unserer schnelllebigen und zum Teil oberflächlichen Gesellschaft, kommt das Gefühl von echter Dankbarkeit meistens zu kurz. Dabei ist es so einfach. Wir können das Gefühl selbst produzieren. Dafür müssen Sie nichts weiter tun als sich an die Dinge zu erinnern, für die Sie aus vollem Herzen dankbar sind.

Ich bin in meiner Kindheit ohne Vater aufge-wachsen. Bereits vor der Geburt war das klar. Erst als ich 22 wurde, traf ich ihn das erste Mal. Er war kein übler Kerl. Wir unterhielten uns nett. Doch eine Bindung entstand nicht. Ich fragte ihn, wie das damals mit meiner Mutter so war und warum sie nicht zusammengeblieben sind. Daraufhin erklärte er mir sehr trocken, dass ich gar nicht hätte da sein sollen, da seine Beziehung zu meiner Mutter für ihn nur eine Affäre war. Diese Aussage verletzte mich sehr. Sich gemocht oder geliebt zu fühlen, sah irgendwie anders aus. Im Anschluss an unser Treffen dachte ich darüber nach, was mein Vater sagte. Ich stellte mir die Frage, was gewesen wäre, wenn es diese Affäre nicht gegeben hätte. Meine Ent-täuschung verschwand und verwandelte sich in pure Dankbarkeit. Mir wurde klar, dass es mich nicht geben würde. Ebenso war ich auf einmal dankbar, dass er so ehrlich zu mir war. Wir hatten seitdem nie wieder Kontakt. Dennoch habe ich ihn in einer guten und liebevollen Erinnerung. Dank ihm darf ich leben.

Es gibt so vieles, wofür man dankbar sein kann:

Gesundheit, Partner, Kinder, Freunde, Familie, in einem reichen Land zu leben, mit Lebensmitteln versorgt zu sein, den eigenen Wohlstand, die Freizeit, den Job, leben zu dürfen und vieles mehr.

Schreiben Sie doch einmal auf, für was Sie im Leben dankbar sind. Danach nehmen Sie sich jeden einzelnen Punkt und fühlen sich für je 1-2 Minuten in die Dankbarkeit hinein und genießen es. Wiederholen Sie das regelmäßig, damit sich Ihr Unterbewusstsein daran gewöhnt.

_____

_____

_____

_____

_____

_____

_____

_____

_____

_____

_____

Reflexionsfrage:

Welche Erfahrung habe ich mit dieser Methode gemacht?

_____

_____

_____

_____

_____

_____

3.10 Breathing Meditation

Ungefähr 20.000-mal bewegt sich die menschliche Lunge jeden Tag und versorgt uns mit ausreichend Sauerstoff. Können Sie sich vorstellen, dass ein kleiner Fehler in diesem Atemprozess schwere körperliche Auswirkungen haben kann? Aus meiner Sicht gibt es genügend Beweise, dass die Natur keine Fehler macht. Warum sollten wir 20.000-mal am Tag atmen, wenn es nicht wichtig wäre? Es ist ein lebenswichtiger Prozess. Atmen beeinflusst die Leistungsfähigkeit, die Stressresistenz, unsere Emotionen, Erneuerungsprozesse und den Säure-Basen-Haushalt.

Wenn Sie auf ängstliche Situationen in Ihrem Leben zurückblicken, erinnern Sie sich vielleicht, wie sich Ihre Atmung bei Angst verändert. Und je unbewusster wir sind, desto mehr verschlechtert sich die Atmung im Laufe des Lebens zu einer ungesunden Variante. Die meisten Menschen schöpfen ihre Lungenkapazität nicht aus und sind daher nicht so leistungsfähig, wie sie könnten. Sie sind angstanfälliger und leichter gereizt.

Mit der folgenden kleinen Atemmeditation können Sie den Sauerstoffgehalt im Blut erhöhen und sich wieder an das tiefe und gesunde Atmen gewöhnen. Führen Sie diese Übung täglich 2-3-mal für mindestens sieben Minuten durch. Halten Sie während dieser Meditation den kompletten Fokus auf Ihren Atem.

- Setzen Sie sich entspannt hin und schließen die Augen.
- Atmen Sie tief ein, so dass sich der Bauch dabei hebt.
- Lassen Sie die Luft aus dem Bauch in die Brust strömen.
- Halten Sie die Luft für 4 Sekunden fest.
- Atmen Sie dann für 6-8 Sekunden langsam aus.
- Schreiben Sie Ihre Erfahrungen für mindestens 7 Tage auf.

Reflexionsfrage:

Welche Erfahrung habe ich mit dieser Methode gemacht?

_____

_____

_____

_____

_____

_____

3.11 Message for you

„Message for you" ist eine fantastische Methode, um sein Unterbewusstsein dauerhaft zu verändern. Sie können negative Gefühle in deutlich angenehmere verwandeln. Vielleicht kennen Sie ähnliche Techniken auch unter anderen Namen, wie z.B. Autosuggestionen oder Selbsthypnose. Der Begriff spielt keine Rolle. Wichtig ist, dass es funktioniert. Bei „Message for you" geht es darum sich selbst zu beeinflussen und die Kontrolle über Gedanken, Gefühle und Emotionen zurückzugewinnen. Wir machen das, indem wir uns regelmäßig selbst Botschaften geben, diese häufig wiederholen, sodass sie vom Unterbewusstsein irgendwann als wahr aufgenommen werden. Sie können mit dieser Methode Ihre innere Realität verändern, Gedanken und Gefühle automatisieren,

Ihr Verhalten anpassen und Ihrem Unterbewusstsein eine klare Entwicklungsrichtung geben.

Um solche Botschaften zu entwickeln, ist es wichtig, dass Sie ein paar Regeln beachten, damit es funktioniert.

- Die Botschaft muss wahr sein.
- Nutzen Sie eine klare und präzise Formulierung.
- Formulieren Sie positiv und in der Gegenwartsform.
- Die Botschaft muss für Sie passen.
- Stellen Sie sich Ihre Botschaft visuell vor und sprechen diese mit überzeugender Tonalität und hoher Gefühlsintensität.
- Sprechen Sie Ihre Botschaft täglich für 3 - 5 Min. oder häufiger aus.
- Verwenden Sie über mindestens 3 Wochen immer dieselben Botschaften.

Damit das nicht so abstrakt für Sie klingt, gebe ich Ihnen nun ein paar Beispiele, die ich früher verwendete. Achten Sie bei der Formulierung mal auf die Satzanfänge. Da nutze ich gerne: „Immer wenn …". Das hat den Vorteil, dass diese Sätze keinen Druck erzeugen und immer wahr für mich sind. Machen Sie nicht den Fehler, den ich zu Beginn machte und setzen sich zu sehr unter Strom. Sätze wie: „Ich bin Souverän und stark.", sind nämlich nicht immer wahr. Auch nicht bei Menschen, die scheinbar völlig angstfrei und selbstbewusst durchs Leben gehen. Jetzt aber zu den Beispielen:

- Immer wenn ich souverän vor Menschen eine Rede halte, dann fühle ich mich selbstsicher und energiegeladen.
- Immer wenn ich mich so annehme, wie ich bin, dann spüre ich Selbstliebe.
- Immer wenn ich mich selbst liebe, fühle ich mich wundervoll.
- Immer wenn ich mir selbst vertraue, dann fühle ich mich mächtig und stark.
- Immer wenn ich mich glücklich fühle, dann spüre ich, wie mein Körper und meine Seele eins mit dem Universum sind.
- Immer wenn ich tief und ruhig atme, dann entspannt sich alles und die Energie fließt.
- Immer wenn meine Angst sich löst, dann spüre ich die Kraft des Lebens.

Reflexionsfrage:

Welche Erfahrung habe ich mit dieser Methode gemacht?

_____

_____

_____

_____

_____

_____

3.12 Food programming

Masaru Emoto war ein japanischer Wissenschaftler, der sich seit den 90er Jahren mit Wasser beschäftigte. Durch seine Studien und Versuche, belegte er, dass Wasser von Gedanken, Gefühlen und Emotionen beeinflusst werden kann. In einem seiner bekanntesten Experimente beschriftete er Wasserflaschen mit unterschiedlichen Botschaften. Dabei unterschied er positive Worte von negativen. Nach einiger Zeit untersuchte er das Wasser mit einem speziellen Verfahren unter dem Mikroskop. Emoto stellte fest, dass das positiv beschriftete Wasser vollkommene Eiskristalle formte und das negativ Beschriftete nicht. Wasser hat demnach ebenso eine Art Gedächtnis und kann Informationen speichern.

Vor einigen Jahren habe ich ein ähnliches Experiment von Masaru Emoto nachgestellt. Ich kochte etwas Reis, mit herkömmlichem Leitungswasser. Nachdem er gar und abgekühlt war, nahm ich zwei durchsichtige Behältnisse. Auf das Eine schrieb ich: „Ich liebe Dich.", auf das Andere: „Ich hasse Dich." und stellte beide in unseren Wohnzimmerschrank. Täglich nahm ich sie heraus und las laut vor, was auf den Behältern stand. Zu meinem Erstaunen musste ich feststellen, dass der negativ beschriftete Reis sehr schnell anfing, muffig zu riechen. Bereits nach neun Tagen schimmelte er. Der positiv beschriftete Behälter blieb über fünf Monate ohne jede Spur von Schimmel oder unangenehmen Gerüchen. Damit habe ich das Experiment abgeschlossen.

Ich war wirklich verblüfft und inspiriert zu gleich. Wir Menschen bestehen zu einem sehr großen Teil aus Wasser. Vieles, was wir essen und trinken, besteht aus Wasser. Können Sie sich vorstellen, was passiert, wenn Sie positiv aufgeladene Nahrung in sich aufnehmen? Machen Sie das doch mal für vier Wochen. Besprechen Sie Ihre Lebensmittel mit positiven und liebevollen Botschaften, bevor Sie diese in sich aufnehmen. Sie werden möglicherweise auch feststellen, wie gut es Ihnen tun wird.

Mit einer der Gründe, warum ich kein Fleisch esse, sind die Experimente von Masaru Emoto. Die Tiere leiden, sind Stress und den brutalen Gedanken der Schlachter ausgesetzt. Das ist für mich eine Bestätigung, dass Fleisch energetisch nicht gesund sein kann. Das muss aber jeder für sich entscheiden. Meinetwegen braucht kein Tier zu sterben.

Reflexionsfrage:

Welche Erfahrung habe ich mit dieser Methode gemacht?

_____

_____

_____

_____

_____

_____

3.13 Audioprogramme

Gute Audioprogramme sind eine fantastische Möglichkeit, um sich auf dem Weg zur Selbstliebe begleiten zu lassen. Der auditive Kanal des Menschen führt direkt in die Tiefe des Seins.

Für mich war es damals das wirksamste Werkzeug. Ich habe selbst für mich geführte Mental- und Meditationsprogramme entwickelt. Diese habe ich über ein Mikrofon in den Computer eingesprochen und fast täglich durchgearbeitet und gehört. Der Vorteil war, dass ich mich nicht um die Abläufe der einzelnen Übungen kümmern musste. Ich konnte nach innen gehen und mich auf meine Gefühle konzentrieren. Wenn man angespannt ist, sich Abläufe merken soll und dann noch auf die Gefühle achten muss, kann einen das überfordern. Daher wählte ich diesen Weg. Es ist natürlich kein Allheilmittel. Es kann maximal eine gute begleitende Unterstützung bei der Arbeit an sich selbst bieten. Viele meiner Klienten bekommen von mir ein ganz individuelles und auf sie abgestimmtes Audioprogramm, damit sie während der Sitzungen die Inhalte und Prozesse einfacher automatisieren können. Viele Klienten erzielen die erstaunlichsten Ergebnisse nach wenigen Anwendungen und manche brauchen ein paar Tage länger.

Als Leserin oder Leser dieses Buches habe ich Ihnen bereits mein BODY SCAN Programm, im Abschnitt „Fühlen lernen" geschenkt. Sie könnten es sich unter folgendem Link kostenfrei herunterladen. Separat kostet es 29,95 Euro. Für Sie als Leser oder Leserin dieses Buches, ist es ein Geschenk aus vollem Herzen. Ich wünsche Ihnen viel Freude dabei.

https://www.rd-huelsmeyer.com/selbstliebe-wp

Genießen Sie es.

Reflexionsfrage:

Welche Erfahrung habe ich mit dieser Methode gemacht?

_____

_____

_____

_____

_____

_____

3.14 Die Source Code Therapy - Die 10 Schritte der Verwandlung

„Die Quelle in Dir ist der Schlüssel einer erfolgreichen Therapie."
Robert D. Hülsmeyer

In all den Jahren meiner Coachingtätigkeit habe ich viel ausprobiert. Doch immer gab es irgendetwas, was nicht mehr zeitgemäß war, nicht von Dauer half oder überhaupt nicht funktionierte. Daher entschloss ich mich irgendwann, ein Werkzeug zu entwickeln, aus den Dingen, die praxiserprobt waren. Daraus ist die Source Code Therapy entstanden. Sie ist eine fantastische Methode, um Gedanken, Gefühle und Emotionen in den Griff zu bekommen.

Ich möchte Ihnen nun die wesentlichen Schritte näherbringen. Sie können dadurch ein tieferes Verständnis für die wesentlichen Meilensteine der Veränderung entwickeln und gleichzeitig einen wundervollen Ansatz für sich selbst sehen. Eine der vielen Source Code Varianten hat 10 Schritte, die ich Ihnen im Folgenden kurz erläutere, sodass Sie diese anwenden können.

Schritt 1: Vertrauen aufbauen

In diesem Schritt ist es ganz wichtig, dass sie das Gefühl von Vertrauen erzeugen. Das können Sie tun, indem sie sich an eine Situation aus ihrer Vergangenheit erinnern, in der sie maximales Vertrauen verspürten. Und genau dieses Gefühl sollten Sie immer zu Beginn einer Veränderung mitbringen. Sie erinnern sich sicherlich noch an die 5 magischen Gefühle. Dort habe ich Ihnen erklärt, dass Sie durch ein vertrauensvolles Gefühl das Unterbewusstsein öffnen.

Schritt 2: Das Ziel festlegen

Machen Sie sich bewusst, was sie stört und um welches störende Gefühl es Ihnen wirklich geht. Beschreiben Sie es so exakt wie möglich. Wo sitzt es in ihrem Körper? Was bewegt sich dort? Welche Symptome werden ausgelöst?

Nun machen Sie den Shift. Jetzt geht es darum, sich die Frage zu beantworten, wie sie sich stattdessen fühlen möchten. Wenn sie Angst vor Ablehnung haben, ist es selbstverständlich, dass sie diese nicht mehr haben wollen. Aber wie möchten Sie sich zukünftig in diesen Situationen fühlen, wo sie bisher diese Ablehnung spürten? Versuchen Sie, an dieser Stelle bitte so präzise wie möglich zu sein. Und dann stellen Sie sich drei Situationen hintereinander vor, in denen sie sich schon mal genau so gefühlt haben. Beschreiben Sie das Gefühl so exakt wie möglich. Wo sitzt es in ihrem Körper? Was bewegt sich dort?

Wenn sie das haben, stellen Sie sich bitte in ihrem Raum eine große Lichtkammer vor. Ich nenne sie die Power Box. Sie sollte so groß sein, dass sie sich nachher reinstellen können. Und jetzt projizieren Sie genau dieses Gefühl aus den drei Situationen, in die Box hinein. Stellen Sie sich vor wie dieses Gefühl, oder die Energie aus ihnen herausströmt und in die Power Box hinein geht. Sobald Sie spüren, dass Ihr Gefühl schwächer wird, ist genau das Ihr Signal, um zum nächsten Schritt zu gehen.

Schritt 3: Die Hindernisse bewusst machen

In vielen Therapie- oder Coachingmethoden wird häufig missachtet, dass auf jedem Weg irgendwelche Hindernisse auftreten können und wahrscheinlich auch werden. Das führt in der Regel dazu, dass viele Menschen sich ein gedankliches Luftschloss bauen und daran scheitern, dass sie die Erwartung hatten, alles würde reibungslos laufen. Das Leben steckt jedoch voller Herausforderungen und deswegen ist dieser Schritt so wichtig. Machen Sie sich also jetzt bewusst, welche Hindernisse auftreten können. Dabei müssen Sie sich nicht in irgendwelche Horrorszenarien rein steigern, sondern einfach nur auflisten, welche Hürden Sie auf Ihrem Wege erwarten können. Und dann treffen Sie die Entscheidung, dass Sie all diese Hürden nehmen werden. Sie gehen einfach hindurch oder um diese Hindernisse herum. Egal, was kommt. Wenn Sie das in der richtigen Intensität machen, werden Sie möglicherweise das Gefühl von einer starken Durchsetzungskraft spüren. Wenn dem so ist, stellen Sie sich wieder die Power Box vor und projizieren genau, wie im vorherigen Schritt, dieses Gefühl in die Power Box. Es strömt aus Ihnen heraus, geht direkt in die Box, wird dort gespeichert und konserviert. Sobald Sie spüren, dass Ihr Gefühl schwächer wird, ist es genau wieder Ihr Signal und zum nächsten Schritt zu gehen.

Schritt 4: Begierde und Berührtheit erzeugen

Viele Menschen wissen, was sie nicht wollen. Sie wissen aber nicht was sie wollen und nicht warum. Um jedoch in die richtige Frequenz zu kommen, Erfolge zu erzielen oder schwierige Schritte zu gehen, ist es erforderlich, dass wir ein Gefühl von Begierde und emotionaler Berührtheit erzeugen. An dieser Stelle sollten Sie sich die Frage beantworten, warum Sie sich unbedingt so fühlen möchten, wie Sie es in Schritt zwei definiert haben. Sie brauchen einen emotionalen Grund, der Sie so berührt, dass Sie es kaum erwarten können endlich loszulegen und Ihr Ziel zu erreichen. Mein großer emotionaler Grund ist zum Beispiel meine unternehmerische Vision, dass ich möglichst vielen Menschen helfen werde, ein glückliches und zufriedenes Leben führen zu können. Der Gedanke daran berührt mich so sehr, dass ich manchmal nachts nicht schlafen kann, weil ich so viel Energie habe, die ich in die Welt bringen möchte.

Machen Sie sich in diesem Schritt exakt bewusst, warum Sie das wirklich wollen. Wenn Sie das Gefühl von Berührtheit und Begierde erzeugt haben, gehen

Sie wieder genauso vor wie in Schritt zwei und Schritt drei. Sie nehmen das Gefühl und projizieren es in Ihre Power Box. Sobald Sie spüren, dass es etwas schwächer wird, ist das Ihr Signal, um zum nächsten Schritt zu gehen.

Schritt 5: Worst Case Szenario

Stellen Sie sich bitte vor, was passieren würde, wenn Sie ihr gewünschtes Ergebnis niemals erreichen würden. Welche Auswirkungen hätte das für Ihr Leben und für andere Menschen, die Ihnen wichtig sind? Und wie würde es die Welt beeinflussen?

Je besser Sie sich fühlen desto freudiger wird auch Ihr Umfeld. Doch was ist, wenn das alles niemals eintritt? Ich möchte, dass Sie sich diesen Gedanken ganz bewusst machen. Bauen Sie eine vollkommene Ablehnung dagegen auf. Sie müssen diesen Gedanken wirklich eklig finden. Es muss das Gefühl entstehen, dass dieser Fall niemals eintreten wird. Sie brauchen eine hundertprozentige Entschlossenheit, dass Sie es nicht zulassen werden. Erzeugen Sie also das Gefühl von: „Ich schaffe es 100-prozentig". Dieses nehmen Sie und projizieren es auch in Ihre Power Box. Genauso wie im Schritt 2, 3 und 4. Sobald Sie spüren, dass es wieder schwächer wird, ist das Ihr Signal, um zum nächsten Schritt zu gehen.

Schritt 6: Energien bündeln, verstärken und eintauchen

Stellen Sie sich nun bitte einmal vor wie sich die vier Gefühle aus den Schritten 2 bis 5 in der Power Box farblich miteinander vermischen und zu Ihrer Lieblingsfarbe werden. Jetzt projizieren Sie bitte gedanklich ein Symbol in die Kammer, welches Ihnen und dem Prozess, den Sie gerade durchleben, entspricht. Jetzt können sie aufstehen und sich in diese Power Box hineinstellen. Wenn sie alles richtig gemacht haben, werden sie spüren, dass sich in ihrem Körper etwas verändert. Tanken Sie sich mit der Energie, die Sie jetzt wahrnehmen einmal vollkommen auf. Nehmen Sie sich ausreichend Zeit dafür. In dieser Power Box ist nun alles, was Sie sich für diesen Prozess gewünscht haben. Stellen Sie sich eine kleine Ampel vor, die zunächst auf Rot steht und sobald sie völlig aufgetankt sind, springt sie auf Grün. Das ist Ihr Zeichen, um zum nächsten Schritt zu gehen.

Schritt 7: Die Reise zum Source Code

Jetzt kommen wir zu einem sehr spannenden Teil. Wir machen die Reise zum Source Code. Was bedeutet das?

Der Source Code eines Menschen ist der persönliche Ursprung. Sozusagen die Quelle. Es ist der Zustand, den wir Menschen haben, wenn wir tatsächlich wir selbst sind und nicht von irgendwelchen Konditionierungen beeinflusst werden.

Stellen Sie sich mal ein kleines Baby vor. Es befindet sich in einem Alter, in dem es noch nicht sprechen kann und nicht denkt. Das kleine Würmchen liegt nur da und nimmt wahr, was gerade ist. Zu diesem Zustand möchte ich sie hinführen. Denn genau diesen brauchen wir, damit Veränderung in Lichtgeschwindigkeit möglich gemacht werden kann. Sie wissen mittlerweile, dass Gedanken, Gefühle und Emotionen sich miteinander vernetzen. Aus diesem Grund ist es auch logisch, dass hinter jedem Gefühl, welches wir empfinden, noch ein anderes steckt. Und manchmal sind es 6,7 oder 8 Stationen, die dahinterstecken. Am Ende verbirgt sich dann das sogenannte Urgefühl, oder wie ich es nenne „der menschliche Source Code". In schwierigeren Fällen, können es auch noch mehr Stationen sein. Das spielt aber keine Rolle. Wichtig ist, dass wir möglichst schnell den

Zustand von Source Code erreichen. Denn das ist die Basis für die nächsten Schritte.

Starten wir ...

Setzen oder legen Sie sich hin und schließen dabei ihre Augen. Gehen Sie zurück in das störende Gefühl, welches sie im Schritt zwei benannt haben. Machen Sie sich bewusst, wo sie es im Körper spüren. Nun ist es wichtig, dass sie es nicht bewerten, nicht beurteilen, sondern nur beobachten und nicht verändern. Wenn bis hierhin alles richtig gelaufen ist, können Sie Ihrem Unterbewusstsein Fragen stellen und es wird entsprechend antworten. Rechnen Sie bitte nicht damit, dass es Ihnen verbal antwortet. Es wird mit einem Gefühl antworten. Die Frage, die sie jetzt ihrem Unterbewusstsein stellen, ist:

„Welches Gefühl kommt, wenn Du erreicht hast, was Du erreichen möchtest?"

Hierbei ist es wichtig, dass sie tatsächlich ihr Unterbewusstsein befragen und nicht sich selbst oder ihren Verstand. Sie merken den Unterschied darin, dass ihr Unterbewusstsein einfach mit einer Veränderung des Gefühlszustandes antworten wird. Irgendetwas in ihrem Körper verändert sich jetzt. Es ist nämlich so, dass jedes Gefühl, einen wichtigen Hintergrund hat. Wenn sie zum Beispiel die Angst vor Ablehnung haben und Ihrem Unterbewusstsein die Frage stellen, kann es sein, dass auf einmal ein Gefühl von Peinlichkeit, Kleinheit oder Wut auftritt. Das ist das, was hinter Ihrer Angst steckt. Sie lassen sich aber wieder nicht auf irgendwelche Bewertungen oder Interpretationen ein, sondern stellen erneut die Frage:

„Welches Gefühl kommt, wenn Du erreicht hast, was Du erreichen möchtest?"

Wenn alles richtig läuft, stellen Sie erneut fest, dass sich Ihr Gefühl wieder verändert. Vielleicht kommt eine Traurigkeit, eine Lähmung, Enttäuschung oder etwas anderes zum Vorschein. Lassen Sie es einfach zu. Bleiben Sie für einen Moment bei diesem Gefühl. Vielleicht für 15 – 20 Sekunden. Dann stellen Sie erneut die Frage. Es taucht wieder ein anderes Gefühl auf. In diesem Prozess können starke Gefühlsschwankungen auftreten. Das ist ganz normal und gewollt. Manchmal kommen Glücksgefühle und zeitweise negative Emotionen. Lassen Sie alles da sein und durchleben Sie es immer für ein paar Sekunden. Machen Sie diesen Prozess bitte solange, bis die

Prozesskette komplett durchlebt ist. Sie merken das Ende der Kette daran, dass es innerlich sehr hell wird und sich ein wohlig warmes Gefühl von absoluter Harmonie und Leichtigkeit einstellt.

Wenn ich diesen Prozess selbst durchlebe, kommt bei mir am Ende meistens das Gefühl „vom Wasser getragen zu werden" und es ist so, dass nichts mehr wichtig ist, für diesen Moment. Es zeigt sich jedoch bei jedem Menschen auf eine individuelle Art und Weise. Wenn Sie dort angelangt sind, genießen Sie diesen Zustand, solange es geht. Viele meiner Klienten oder Ausbildungsteilnehmer haben sich seit Jahren nicht mehr so wohl und von der Welt geliebt gefühlt, wie in diesem Moment. Das liegt daran, dass dieses Urgefühl vom alltäglichen Leben zugeschüttet wurde. Dabei ist es unser normalster Zustand. Nehmen Sie jetzt bitte zum Abschluss des 7. Schrittes Ihr Urgefühl und projizieren es ebenfalls in Ihre Power Box. Sie wissen mittlerweile, wie das funktioniert. Dann steigen Sie nochmal in Ihre Box ein und laden sich richtig auf mit den ganzen kraftvollen Gefühlen. Ihnen erscheint wieder eine rote Ampel, die auf Grün springt, sobald Sie vollkommen aufgeladen sind. Wenn Sie so weit sind, gehen Sie zum nächsten Schritt.

Schritt 8. Veränderung der Sinnesqualitäten

Nun geht es darum ihre Wahrnehmung bezogen auf Ihr ungewolltes Gefühl zu verändern, sofern es noch notwendig ist. Bei vielen meiner Klienten ist die meiste Arbeit an dieser Stelle bereits getan. Dennoch praktiziere ich diesen Schritt jedes Mal.

Setzen oder legen Sie sich hin und schließen für einen Moment die Augen. Wenn sie an ihre ungewolltes denken, stellen Sie sich bitte gleichzeitig die Frage, welche inneren Bilder kommen jetzt hoch, die immer noch an irgendwelche Emotionen gebunden sind? Nehmen Sie sich ein Bild vor und schauen es sich innerlich genau an. Wie sieht es aus? Welche Farben können Sie sehen? Schauen Sie es sich im Detail an. Und jetzt stellen Sie sich vor, dass das Bild schwarz-weiß wird. Sie sehen also keine Farben mehr. Beobachten Sie dabei ihr Gefühl und wie es sich verändert. Dann gehen Sie weiter und stellen sich vor, wie das schwarz-weiße Bild anfängt zu flackern. Achten Sie wieder auf ihr Gefühl. Wie verändert es sich? Dreht sie das Bild um 180° auf den Kopf. Achten Sie auf ihr Gefühl. Wie verändert es sich? Machen Sie das Bild jetzt klein wie eine Briefmarke. Nehmen Sie die Briefmarke und kleben sie auf einen Briefumschlag oder ein Paket und schicken es weg.

Wie fühlen Sie sich jetzt, nachdem sie diesen Prozess einmal durchlaufen sind, im Vergleich zu dem farbigen Bild?

Im Normalfall dürften sie schon einen deutlichen Unterschied verspüren. Schauen Sie sich bitte noch mal in Gedanken das farbige Bild an und bewerten, ob sich das Gefühl dazu verändert hat. Die meisten meiner Klienten bemerken bereits bei dem ersten Durchlauf eine deutliche Veränderung. Damit aber nicht genug. Sie gehen diesen Prozess noch ein paarmal gedanklich durch, so dass sie zu diesem farbigen Bild, welches vorher emotional negativ aufgeladen war, ein positives oder neutrales Gefühl haben. Wenn sie das erledigt haben, können Sie sich dem nächsten auftretenden Bild widmen und das gleiche vollziehen. Das machen sie so lange bis keine negativ besetzten Szenen mehr aufkommen und alles neutralisiert ist.

Schritt 9. Der Blick aus der Power Box

Jetzt ist der Zeitpunkt gekommen, an dem wir überprüfen wollen, inwieweit das ungewollte Gefühl noch besteht. Dafür müssen Sie nichts weiter tun als sich wieder in die Power Box zu stellen. Laden Sie sich auf und stellen sich vor, wie Ihr ungewolltes

Gefühl direkt vor Ihnen steht. Wenn Sie also Höhenangst haben, stellen Sie sich vor, dass sie in der Power Box sind, ummantelt und geschützt und auf einem Berg stehen. Wenn Sie Angst vor einer bestimmten Person haben, stellen Sie sich vor, wie Sie umhüllt vor dieser Person stehen. Je nachdem um was es Ihnen in diesem Source Code Prozess ging, stellen Sie sich das Problem oder die Angst bildlich noch einmal vor und beobachten dabei ihr Gefühl. Wenn es Ihnen so geht wie den meisten, die mit dieser Methode arbeiten, dürften sie feststellen, dass sich ihr Gefühl deutlich verändert hat. Sollte dem nicht so sein, wiederholen Sie den gesamten Prozess noch einmal.

Schritt 10. Positive Erfahrungen im Alltag

Natürlich ist es sehr schön, wenn wir während einer Therapie oder eines Coachings ein so wundervolles Erfolgserlebnis verspüren. Wichtig ist jedoch die Nachhaltigkeit und dass dieses Gefühl zu einem festen Programm in uns wird. Bei den meisten Menschen ist es tatsächlich so, dass es an dieser Stelle bereits besteht. Je nachdem welche Eingangs-voraussetzungen sie mitgebracht haben, kann es jedoch sein, dass sie im Alltag noch kleine Unsicherheiten verspüren. Um diesen entgegenzuwirken, ist es wichtig, dass wir auch im Alltag positive Erfahrungen machen. Denn dadurch festigt sich das neue Gefühl. Das bedeutet für sie, dass sie in diesem zehnten Schritt ihren Mut zusammennehmen und sich den Situationen stellen, in denen Sie sich vorher nicht so gut fühlten. Die neuen Erfahrungen, die Sie machen werden, sorgen dafür, dass Sie das Gelernte besser verfestigen und vernetzen. Sollten Sie noch unzufrieden mit ihrem Gefühl sein, kann es hilfreich sein den Source Code Prozess zu wiederholen.

Dies war ein kleiner Einblick in eine Möglichkeit der Source Code Therapy, die ich typengerecht in mehreren Varianten entwickelt habe. Damit können Sie jetzt schon arbeiten, wenn Sie möchten. Mehr Informationen zur Source Code Therapy erhalten Sie unter:

https://www.rd-huelsmeyer.com/sct

Reflexionsfrage:

Welche Erfahrung habe ich mit dieser Methode gemacht?

_____

_____

_____

_____

_____

_____

3.15 Ihr Vertrag mit sich selbst

Menschen, die sich klar entscheiden und für etwas verpflichten, sind in der Regel deutlich erfolgreicher. Wenn Sie es wirklich ernst meinen, empfehle ich Ihnen, das Gleiche zu tun. Schließen Sie einen Vertrag mit sich selbst. Zeigen Sie damit, wie wichtig und ernst Sie sich nehmen. Auf der nächsten Seite erhalten Sie eine Vorlage.

Mein Selbstliebevertrag

Ich, _____ verpflichte mich hiermit, für die nächsten ____ Wochen an meiner Selbstliebe zu arbeiten.

Ich arbeite regelmäßig, bleibe kontinuierlich am Ball und gebe nicht auf! Wenn ich eine kreative Auszeit brauche, nehme ich sie mir. Ich werde die vermittelten Strategien und Methoden aus dem Buch der Selbstliebe Step-by-Step umsetzen, um von Woche zu Woche immer einen Schritt weiter zu kommen.

Dafür bin ich bereit, neue Wege zu gehen, die gewöhnlichen Regeln zu brechen und so lange dran zu bleiben, bis ich mein Ziel erreicht habe.

Da ich es wirklich ernst meine, unterschreibe ich diesen Vertrag und platziere ihn an einem Ort, an dem ich ihn täglich sehen kann.

Ich entscheide mich für ein Leben voller Selbstliebe und Lebensglück.

_____   _____
Ort, Datum   Unterschrift

Epilog

Vielleicht erinnern Sie sich noch an das Seminar an der Ostsee. Ich berichtete Ihnen davon in der Einleitung. Am 3. Tag machten wir eine Übung, die mir den Unterschied zwischen innerer und äußerer Liebe deutlich machte.

Es handelte sich um eine Partnerübung. Immer zwischen einem Mann und einer Frau. Meine Übungspartnerin war Mitte dreißig und hatte eine sehr angenehme Ausstrahlung. Wir bekamen je ein Audio Verlängerungskabel und legten es von hinten um die Hüften und verbunden unsere Stecker miteinander. Es gab einen Kreislauf zwischen uns und fühlte sich sehr verbunden an. Wir erzählten uns zunächst in einem achtsamen Gespräch voneinander. Im Anschluss war es unsere Aufgabe, uns gegenseitig ehrlich gemeinte Kom-plimente zu machen. Wir fühlten uns wohl damit. Nach circa 30 Minuten sollten wir uns still gegengenüber sitzen, uns in die Augen schauen und die Verbundenheit genießen. Der Seminarleiter bat uns, nach weiteren 15 Minuten die Stecker voneinander zu lösen und dabei auf unser Gefühl zu achten. Ich war fassungslos. Es fühlte sich an als würde mir etwas fehlen. Ich war in einem absoluten Mangelgefühl und wollte am liebsten die Stecker wieder verbinden. Dann sollten wir uns die eigenen Kabel genau anzusehen. Auf der einen Seite war ein Metallstecker und auf der anderen eine Buchse. Daraufhin bekamen wir die Aufgabe, unseren Stecker in die eigene Buchse zu stecken. Das Kabel lag nun komplett um meinen Körper herum und ich spürte wieder diese Verbundenheit. Nichts fehlte und es gab keinen Mangel. Das war ein Phänomen. In diesem Moment war ich mir selbst genug und spürte die Verbundenheit und die Liebe zu mir selbst.

Und genau darum geht es. Sich mit sich selbst zu verbinden und nicht mehr abhängig von äußeren Einflüssen zu sein. Sicherlich ist es schön, wenn man Komplimente bekommt oder von anderen geliebt wird. Es sollte jedoch nicht die Hauptnahrungsquelle sein.

Lieben Sie sich selbst, indem Sie mit sich verbunden sind.

Sie haben in diesem Buch erfahren, was Selbstliebe tatsächlich ist, wie sie entsteht und welche Gefahren sich einschleichen, wenn Sie sich zu sehr von äußeren Faktoren abhängig machen.

Jetzt haben Sie ein Rezept, um mehr Selbstliebe zu erlangen und den geeigneten Methodenkoffer, um auch schwierigere Situationen und Herausforderungen meistern zu können. Bleiben Sie am Ball. Denn das Leben ist zu kurz, um unglücklich zu sein.

Ich bin an Ihrer Seite

Robert D. Hülsmeyer

Danksagung

"Nicht die Glücklichen sind dankbar.
Es sind die Dankbaren, die glücklich sind."
Francis Bacon

Immer, wenn wir vor neuen Aufgaben stehen, dürfen wir uns bewusst machen, dass wir diese nicht alleine lösen und erfüllen müssen. Selbstverständlich habe ich das Buch selbst geschrieben, doch die Erkenntnisse, die Erfahrungen, das Wissen und die Ideen habe ich nicht selbst auf diesen Planeten gezaubert. Sondern dies war nur möglich, weil mich andere Menschen auf unterschiedlichen Lebenswegen begleitet, herausgefordert und unterstützt haben. Es ist nicht möglich alle Menschen, denen ich von Herzen danke, namentlich zu nennen, da dies den Umfang von einem eigenen Buch hätte.

An dieser Stelle bin ich allen meinen direkten und indirekten Weggefährten dankbar, denn jeder hat etwas dazu beigetragen, dass ich heute der Mensch sein darf, der ich bin und dass dieses Buch entstanden ist.

Mein besonderer Dank gilt:

Wilhelm Brosius, Ilse Brosius, Monika Hülsmeyer, Norbert Mathies, Andreas Fritz, Katja Heinrichs, Angelika Heinrichs, Wofgang Heinrichs, Nica-Juline Hülsmeyer, Kerstin Hülsmeyer, Millane Hoppe, Lara Hoppe, Eike Hoppe, Dr. Rahasya Kraft, Deniz Vorhoff, Ottilie Lilienthal, Oliver Lilienthal, Hans-Georg Gantenbrink, Peter Rehbein, Rainer Schälte, Robert Uhmann, Josef Mörchen, Oliver Wendt, Anthony Robbins, Brian Tracy, Bodo Schäfer, Prof. Samy Molcho, Jürgen Höller, Mike Dierssen und alle weiteren Familienmitglieder, Mentoren, Kunden, Lieferanten, Partner, Ex-Partnerinnen, Kritiker und Weggefährten.

Erfolg ist niemals alleine möglich. Immer wenn wir uns Ziele setzen, und diese auch erreichen, dann sollten wir uns bewusstwerden, dass wir sie niemals alleine erreichen. Jedes Ziel, dass sich ein Mensch setzt und auch tatsächlich erreicht, hat immer auch andere Menschen benötigt um es zu realisieren. Und dafür dürfen wir auch dankbar sein.

Ergänzende Literatur

Sorge Dich nicht – lebe!, Knaur – 2001 von Dale Carnegie

Kommunikation des Herzens, ShenDo Verlag - 25. Juli 2013 von Dr. Rahasya Fritjof Kraft

Ein neues Ich, Koha - 10. Oktober 2012 von Dr. Joe Dispenza

Emotionen: Frei von Angst, Eifersucht, Wut, Goldmann Verlag - 1. Juni 2000 von Osho

Gute Beziehungen, Klett-Cotta - 4. Auflage September 2016, von Thomas Gordon

Das Prinzip des geistigen Erfolgs, Allegria - 1. Auflage Dezember 2004, von Anthony Robbins

Das Power Prinzip, Ullstein - 1. Oktober 2004, von Anthony Robbins

Gewaltfreie Kommunikation, Junfermann - 10. Auflage 16.Juni 2012, Marshall B. Rosenberg

EQ. Emotionale Intelligenz, dtv Verlagsgesellschaft – 1. Mai 1997, von Daniel Goleman

Emotionale Intelligenz 2.0, mvg Verlag - 4. März 2016, von Travis Bradberry & Jean Greaves

Die Macht der Emotionen, Piper ebooks 8. Dezember 2014, von François Lelord

Emotionen als Ressourcen, Beltz - 3. September 2013, von Dr. Jan Glasenapp

Gefühle im Griff, Springer 1. Juni 2015, von Barnow, Reichenbacher

Das große Buch der Gefühle, Beltz -1. Oktober 2014, von Udo Baer & Gabriele Frick-Baer

Wenn die Haut zu dünn ist, Kösel-Verlag - 11. Auflage 25. April 2014, von Rolf Sellin

Werde wer Du sein willst, GRÄFE UND UNZER Verlag GmbH - 5. September 2015, von Robert Betz

Ihr Feedback

Mich freut es sehr, wenn Ihnen dieses Buch gefallen hat. Noch viel mehr freue ich mich, wenn es Sie dazu inspiriert Ihr Leben noch schöner zu machen. Wenn Sie Erfolgsgeschichten, Anregungen oder Verbesserungsvorschläge haben, schreiben Sie mir doch bitte eine E-Mail:

robert@rd-huelsmeyer.com

Ebenso freue ich mich über konstruktive Kritik, da es mich viel Zeit und Energie gekostet hat, dieses Buch zu schreiben und ich stets bemüht bin es zu verbessern. Über eine Rückmeldung in Form einer Rezension auf Amazon freue ich mich.

Haftungsausschluss

Der Autor übernimmt keinerlei Gewähr für die Aktualität, Korrektheit, Vollständigkeit oder Qualität der bereitgestellten Informationen und weiteren Informationen. Haftungsansprüche gegen den Autor, welche sich auf Schäden materieller oder ideeller Art beziehen, die durch die Nutzung oder Nichtnutzung der dargebotenen Informationen bzw. durch die Nutzung fehlerhafter und unvollständiger Informationen verursacht wurden, sind grundsätzlich ausgeschlossen, sofern seitens des Autors kein nachweislich vorsätzliches oder grob fahrlässiges Verschulden vorliegt. Alle Angaben wurden vom Autor mit größter Sorgfalt und nach bestem Wissen und Gewissen recherchiert oder spiegeln seine eigene Meinung wider. Der Inhalt des Buches passt möglicherweise nicht zu jedem Leser und die Umsetzung erfolgt ausdrücklich auf eigenes Risiko. Es gibt keine Garantie dafür, dass alles genau so, bei jedem Leser, zu genau den gleichen Ergebnissen führt. Der Autor und/oder Herausgeber kann für etwaige Schäden jedweder Art aus keinem Rechtsgrund eine Haftung übernehmen.

Der Autor hat bei der Erstellung dieses Buches sämtliche Informationen und Ratschläge mit Sorgfalt recherchiert und geprüft. Sie ersetzen jedoch keinen medizinischen Rat. Daher erfolgen alle Angaben ohne Gewähr. Verlag und Autor übernehmen keine Haftung für Schäden oder Nachteile, die sich aus der Umsetzung der in diesem Buch dargestellten Inhalte ergeben. Der Leser erkennt dies an. Sollten Sie unter Erkrankungen leiden oder sich unsicher sein, ob die Informationen und Techniken, aus diesem Buch, auch für Sie geeignet sind, dann suchen Sie vorab bitte unbedingt einen erfahrenen Arzt oder Heilpraktiker auf.

Urheberrecht

Bildquellen

Ich besiege die Angst

Viele Menschen leiden unter Angst und Panikattacken. Der Körper zittert, der Hals wird eng und
alle Systeme spielen verrückt.

Damit solche Situationen nicht länger Ihren Alltag
und Ihre Lebensqualität einschränken, stellt Ihnen
der erfolgreiche Coach und Autor Robert Dominic
Hülsmeyer seinen „goldenen Methodenkoffer" zur
Verfügung, mit dessen Hilfe bereits viele Menschen
ihre Ängste überwinden konnten. Er enthält unter
anderem diverse Techniken zur Umprogrammier-
ung des Unterbewusstseins sowie eine Atemmeditation.

Seine Methoden erklärt Robert D. Hülsmeyer leicht verständlich und anhand vieler Fallbeispiele aus seiner Coaching Tätigkeit sowie aus seinem eigenen Leben. Außerdem zeigt Ihnen der Autor in seinem Buch, welche klassischen Strategien und Therapien bei Ängsten und Panikattacken eingesetzt werden.

Darüber hinaus erwartet Sie ein geführtes Audio-programm zum Gratis Download, mit dem Sie Ihre Angst ein für alle Mal bewältigen können.

Führen Sie von nun an ein unbeschwertes und freies Leben!

auf

amazon.de

Printed in Poland
by Amazon Fulfillment
Poland Sp. z o.o., Wrocław

16641924R00141